YINGYONGWEN XIEZUO

JIAOCHENG

应用文写作教程

陈瑛瑛 ◎主编

ZHEJIANG UNIVERSITY PRESS
浙江大学出版社

图书在版编目(CIP)数据

应用文写作教程 / 陈瑛瑛主编. —杭州:浙江大学出版社,2019.3(2024.7 重印)

ISBN 978-7-308-18716-9

Ⅰ. ①应… Ⅱ. ①陈… Ⅲ. ①汉语—应用文—写作—教材 Ⅳ. ①H152.3

中国版本图书馆 CIP 数据核字(2018)第 237932 号

应用文写作教程

陈瑛瑛 主编

责任编辑 葛 娟

责任校对 周 群

封面设计 春天书装

出版发行 浙江大学出版社

(杭州市天目山路 148 号 邮政编码 310007)

(网址:http://www.zjupress.com)

排 版 杭州朝曦图文设计有限公司

印 刷 绍兴市越生彩印有限公司

开 本 710mm×1000mm 1/16

印 张 10.75

字 数 125 千

版 印 次 2019 年 3 月第 1 版 2024 年 7 月第 2 次印刷

书 号 ISBN 978-7-308-18716-9

定 价 29.00 元

浙江大学出版社市场运营中心联系方式:0571-88925591;http://zjdxcbs.tmall.com

编委会

主　　编：陈瑛瑛

副 主 编：樊小宁　严琼燕

参编人员：（按姓氏笔画排序）

王燕兰　吴京燕　陈宁梅

高　颖　黄华超　程江花

前　言

本书以《教育部关于进一步深化中等职业教育教学改革的若干意见》为指导思想，紧紧围绕中等职业教育培养目标，从满足经济社会发展对高素质劳动者和技能型人才的需要出发，遵循职业教育教学规律，在课程结构、教学内容、教学方法等方面进行了新的探索与改革创新，这将对促进中等职业教育教学改革、提高中等职业学校学生的应用写作水平起到一定作用。

本书具有以下特色：注重学生职业能力的培养（所选教学内容与中等职业学校所设置的专业紧密结合，实用性较强）；面向职业、面向企业编写（所收录的应用文体大多都是行政机关和企业单位在日常工作中经常使用的）；侧重学生实践能力的培养（第二至八章都有精选例文和专项练习题，例文后附有简明扼要的分析。同时，专项练习题的设计和学生的专业特色紧密结合，力求做到理论教学与实践教学的高度统一）。

编者在编写过程中借鉴、援引了国内同类教材、著作中有益的资料，谨此说明，并表谢忱。

在该书的编写过程中，虽然我们力求尽善尽美，但由于时间仓促，书中难免有错误和不足之处，敬请读者不吝赐教，以备不断修订完善。

编　者

2018 年 12 月

目　录

第一章 应用文概述

第一节 应用文的定义、特点、作用与种类

一、应用文的定义

应用文是国家机关、企事业单位、社会团体及个人在处理事务、传递信息、解决问题时使用的具有惯用格式的文体，包括公文、条据、书信、启事等种类。

从应用文的定义中不难看出，应用文的使用范围非常广泛，几乎涉及各个领域、各个部门、各个阶层及每个人。比如，学生毕业找工作，投简历时需要写求职信；政府机关指导工作，需要写公文；工商企业经营，需要拟合同；发生纠纷打官司，需要写诉状；个人生病了不能上课或者不能上班，需要写请假条。相对于其他文体来说，应用文的使用频率要高得多。许多人可以一辈子不写小说、剧本、诗歌、散文，但其在工作、生活、学习中却免不了要写应用文。正如叶圣陶先生所说："大学毕业生不一定要能写小说、诗歌，但是一定要能写工作和学习中实用的文章，而且非写得既通顺又扎实不可。"

二、应用文的特点

应用文同别的文体比较，有共性，也有个性。共性就是它们都是对客观事物的反

映，都来源于生活，都需要谋篇布局、遣词造句，讲究结构的完整性、语言的准确性，都会用到叙述、议论、说明等表达方式。那么，应用文又有哪些个性特点呢？

（一）实用性

应用文是为了处理工作和解决生活中的实际问题而写的。为了找到自己满意的工作，需要准备一封言辞恳切的求职信；公文的撰写是为了满足国家事务和公共行政管理的需要；为使工作有序进行，须将统筹安排的事务要点和实施步骤及方法写成计划；等等。因此，实用性是应用文的第一特性。

（二）规范性

应用文与其他的文体不同，它有严格的行文规范。应用文的规范性主要体现在两个方面：一是使用文种的规范性。办什么事就用什么文种，如召开会议用“通知”而不能用“通报”；请求上级机关拨款要用“请示”而不能用“报告”；批评某人某事用“通报”而不能用“通告”；向国内外群众宣布重要事项可用“公告”而不能用“通告”；等等。二是格式的规范性。书信有书信的写法，合同有合同的条款，公文更是有一套固定的格式。2012 年 6 月 29 日发布的国家标准《党政机关公文格式》（GB/T 9704—2012）对公文用纸、版面、公文格式各要素、计量单位、标点符号和数字的用法等都做了明确的规定。

（三）真实性

应用文务必内容真实，真实性是应用文的生命线。它不像文学作品那样，可以进行艺术概括、塑造经典、虚构和夸张。应用文中所涉及的人和事，一定要确有其人其事，情节、细节、数字都不能虚构。应用文是为了解决日常工作和生活中的实际问题而写的，所以哪怕一丁点的虚假成分都会带来不良后果或严重的危害。如起草一份起诉书，材料虚假就成了诬告；向上级请示、报告，材料虚假就是欺骗上级领导；合同中有一个数据不真实，就会造成经济损失。

（四）明确性

明确性是指应用文的对象明确，即应用文的读者具有特定性。许多应用文都有明确、特定的读者对象。例如一份通知要发给指定的对象，一份请示是呈给上级机关的，一份批复是批给下级部门的。

（五）简明性

“简”即简练，要求用语精练，避免重复啰唆，尽量使用短句。“明”就是准确明了，要求用准确规范的语言清楚地表达意思，不能有歧义，让读者一目了然。叶圣陶先生在谈公文写作时说：“公文必须写得一清二楚，十分明确，句稳词妥，通体通顺，让人家不折不扣地了解你说的是什么。”

三、应用文的作用

应用文的出现，是社会生活的需要，是社会管理活动的需要，是人际交往的需要，是任何社会都不可缺少的，也是任何阶级都可以使用的。关于应用文的重要性早在三国时期就有记载，例如曹丕在《典论·论文》中就明确提出了“盖文章，经国之大业，不朽之盛事”。应用文发展到现在，随着整个社会政治、经济、科学等的发展，和我们的生活越来越密不可分，其作用主要体现在以下几个方面：

第一，职场需求。自古以来，我们国家就非常重视应用文在社会中发挥的作用，小到个人生活中方方面面的琐事，大到整个国家、社会翻天覆地的变革，应用文在其中都起到了重要作用。在日常工作中，应用文使用频率高，应用范围广，应用写作能力已是现代人在“不同场所共同需要”的职业核心能力之一。当前，是否具有良好的应用写作能力已经成为党政机关、企事业单位考核人才的一项必备内容。作为直接以就业为导向的中高职学生，更应努力提高应用文写作水平，以便将来能更快地适应工作岗位。

第二，个人素质和能力的体现。应用文是人们在生活、工作中处理事务、解决问题的必备工具。能否掌握好这一工具，能否高效正确地运用这一工具，是衡量职业人文化素养和工作能力的一个重要标准。

四、应用文的种类

应用文广泛应用于各种不同的社会交际领域，因其目的、性质、特点、使用范围的不同，而形成众多的文种。通常，依据应用文的使用对象及其性质，可将应用文划分为以下几类。

(一)行政公文类

行政公文类是党政机关实施领导、履行职能、处理公务的具有特定效力和规范体式的文书，是传达贯彻党和国家方针政策，公布法规和规章，指导、布置和商洽工作，请示和答复问题，报告、通报和交流情况等的重要工具。具体包括决议、决定、命令、公报、公告、通告、意见、通知、通报、报告、请示、批复、议案、函、纪要十五种。

(二)便条契据类

便条契据类应用文是当事人两边在业务沟通中，由一方出具给另一方作为凭据或阐明某些问题的一种常见应用文。这类文体通常言简意赅，可随时运用，具有一定的法律效力。便条契据类具体包括欠条、收条、领条、请假条、留言条等。

(三)社交礼仪类

这是一类适用于社交场合使用的一种文体，它的存在完全是为了促进双方之间关系的发展，同时，它又是人们文明交流的一种体现。人与人之间亲疏有别、长幼有序，礼仪就是在社会交往中把握好分寸，恰如其分地掌握双方的关系。因此，礼仪类应用文是人们在彼此相等、彼此尊重的基础上形成的一种日常应用文。礼仪类文书具体包括请柬、祝词、欢迎词、感谢信等。

(四)海报启事类

海报启事类应用文是指那些张贴在公共场合或通过媒介公开播放、刊登的广而告之的一类事务性应用文。海报启事类具体包括启事、海报等。

(五)常用事务类

常用事务类文书是机关、团体、企事业单位在日常处理事务时用来沟通信息、安排工作、总结得失、研究问题的实用文体。常用事务类具体包括计划、总结、简报等。

(六)日常书信类

日常书信类是指单位和个人在日常生活中所运用的各种应用文书，如一般书信、保证书、倡议书，申请书等。

当前对于应用文的分类划分版本诸多，本书主要着眼于应用文的使用对象及其性质进行上述划分，便于初学者可以较好地领悟应用文各种文体的使用原则及写作方法。

第二节　应用文的写作要求

应用文写作的基本要求，可以概括为“明确、完备、规范、得体”八个字。“明确”主要是从主题方面说的，“完备”主要是从内容方面说的，“规范”主要是从惯用格式上说的，“得体”则主要针对语言的运用而言。

一、主题明确

应用文的主题就是应用文在提出问题、分析问题、解决问题的过程中所表达出来的基本内容与中心观点，是写作者行文目的的体现。主题是一篇文章的“灵魂”，要学会提炼和归纳明确单一的主题。

写一篇应用文，要做到主题明确，就要注意材料的选取。审视材料的立意，文章的主题就会被作者从材料中提炼出来，成为统领材料的“灵魂”。具体地说，确定主题有如下基本要求。

(一)正确

主题正确是应用文写作的出发点和归宿。具体而言，主题正确是指文本的思想内容和基本观点符合客观实际，全面而准确地揭示事物的本质和规律，与党和国家的路线、方针、政策、法律、法规及相关规章的精神相一致，反映社会的基本要求，经得起实践的检验。

(二)集中

主题必须集中，在这一点上，公文的要求尤为明显。公文是代表行政机关、团体机构说话的，它的每一则材料、每一句话的运用都是为了说明观点。正是在这个意义上，国务院一直都提倡公文“一文一事”，公文主题单一集中，从而易于上级和主管机关审阅，便于公文的立卷、存档。同时，鉴于应用文书其特有的实用性，也必须坚持“集中”的原则，只有主题集中了，人们才知道应该贯彻什么，执行什么，制止什么，由此提高“按文办事”的效率。

（三）鲜明

主题鲜明是就主题的表达而言的。所谓“鲜明”是指要立足于应用文的写作目的，将文本的观点以及作者的写作意图清晰准确地表达出来。赞成与反对，主张与要求，意见和建议等，都要直截了当、清楚明了地表达出来，切忌含糊其辞、模棱两可。

（四）新颖

社会在不断地发展和变化，反映社会、工作状态的文章也应该有新颖性。只有新颖的主题才富有活力，才能与时俱进。

二、结构严谨

应用文结构的内容有标题、开头、层次、段落、过渡、照应、结尾等。

（一）标题

标题是文章的命名。鲜明、准确的标题能够给读者留下深刻的印象。标题可以在下笔之前就确定，也可以在行文中间，乃至完稿后拟定。主题如果需要改动，整篇文章的选材、组织均需要相应改动，文章的标题可以多次改动而不影响正文。应用文常用的标题基本模式有以下两种：

1. 公文式标题

公文式标题的构成通常是“发文机关十事由十文种”，如《中华人民共和国交通部关于修改＜道路运输车辆维护管理规定＞的决定》。

需要说明的是，不少非公文也常常采用公文式标题，以求明确实用，如《光明商厦关于安全保密工作的总结》《天河公司大通实业股份有限公司关于合资经营天达鞋业公司的可行性调研报告》等。

2. 论文式标题

此类标题一般包括以论题为标题和以论点为标题两种情况，学术文和部分调查报告常用此种标题。

3. 一般式文章标题

一般式文章标题常用于简报、调查报告、总结等事务类文书。它可以分为单标题与双标题两种。单标题如《为祥和公司的诚信宗旨而尽力》(简报)；双标题往往由正标题和副标题组成，如《开放是关键，开发是重点，生态平衡是根本——关于长江流域经济发展的调研报告》。

4. 文种式标题

文种式标题即以文种名称为标题，诉状类文书、合同、启事以及礼仪类文书等常用此种标题，如《民事起诉状》《失物启事》《欢迎词》等。

(二)开头

常用的应用文开头方式有以下四种。

1. 概述式

概述式是指概括叙述有关情况或背景材料的开头方式。报告、会议纪要、总结、调查报告等文种常常采用概述式开头。

2. 目的式

目的式是指阐述发文的意义、宗旨等作为开头的方式。这种方式常用“为了”“为”等介词构成的短语标明行文目的；也常用“根据”等句式标明行文依据。如通告、通知、计划等文种常常采用目的式开头。

3. 开门见山式

开门见山式是指开篇直入内容或主题的开头方式。如决定、意向书等文种常常采用开门见山式开头，有些招标书、投标书等文种也采用开门见山式开头。如《国务院关于修改＜中华人民共和国个人所得税法实施条例＞的决定》开头就运用了开门见山式：“国务院决定对《中华人民共和国个人所得税法实施条例》作如下修改”，省去发文缘由。

4. 引述来文式

引述来文式是指引述对方来文、来电的标题与发文字号作为开头的方式。这种写法大多用于函、批复等回复性公文。如《市人事局关于批准录用校硕士毕业生的函》开头就运用了引述来文件:“你局《关于批准录用校硕士毕业生的函》已收悉。”

(三)层次

层次,是指文章思想内容的表现次序。它是作者思路开展步骤的体现,最能体现出作者逻辑思维的功力。常用的层次方式有以下几种。

1. 总分式

总分式是指各个层次之间表现为先“总”后“分”,或先“分”后“总”的结构形式。以演绎法结构,即“先总后分”;以归纳法结构,即“先分后总”。在论文、调查报告、报告、总结、会议纪要等篇幅较长的文章里,常采用“总一分一总”的综合交叉形式。

2. 并列式

并列式是指各个层次之间的逻辑关系互为并列的结构形式。如合同、意向书、招标书、投标书等文种常用并列式表现内容层次。

3. 递进式

递进式是指各个层次之间由浅入深、层层深入的结构形式。这种层次关系犹如上楼梯,每一层的上升必得有前一层做基础。

4. 因果式

因果式是指各个层次之间按前因后果或前果后因顺序安排的结构形式。如“请示”一般要说明“为什么请示”这个“因”,之后再陈诉“请示事项”这个“果”。

5. 时序式

时序式是指以时间先后为序,按照事情的发生,发展、变化过程安排层次的方式。常用于叙述性较强的文种,如市场调查报告、总结、会议纪要、报告等文种。

6. 三段式

三段式是指公文常常采用的三层次结构形式,即发文缘由、事项与尾语。如通知、通报、报告、请示、计划等,都常采用三段式的层次方式表现正文内容。

(四)过渡

过渡是指上下文之间的衔接、转换。过渡在文章中起承上启下作用,使前后相邻的段落自然衔接,以使读者的思路由前者连贯地过渡到后者,不留有间隙。常用的过渡方式有以下三种。

1. 过渡词

如“因此”“总之”“由此可见”“综上所诉”“既然”“那么”“尽管”“但是”等。

2. 过渡句

如“现将具体要求通知如下”“现就有关问题请示如下”等。

3. 过渡段

即以一个独立的自然段来承转过渡。

(五)结尾

应用文结尾的目的通常是强化主题、明确任务,已达到预期的应用目的。常用的结尾方式有以下五种。

1. 强调式

强调式是指对正文中的主要问题作强调说明,以强化读者印象的结尾方式。

2. 期求式

期求式是指在正文结束后表达期求愿望的结尾方式。期求式结尾常用于请示、函、报告等文体,如请示的结尾通常是“当否,请批示”“以上内容,如无不妥,请批准各地执行”;请批函的结尾是“请予审批”等。

3. 希望式

希望式是指在正文结束后向读者提出要求、号召或希望的结尾方式,可用于各种文体。

4. 说明式

说明式是指在文书结尾处补充说明某些内容的结尾方式。这种情况常在商务文书中使用。

应用文有时也可以没有结束语,即正文结束全文结束,除了公文以外,其他事务类文书也经常使用这种结束方式。

三、格式规范

经过长期的写作实践，应用文已经形成了较固定的格式规范，尤其是行政公文表现得更为突出，它对用纸、装订、发文机关标识、发文字号、标题、主送机关、正文、附件说明、落款、主题词、字体、字号、行数、字数等都有统一的要求，不能随便混用。

四、用语得体

得体即得当、恰当。不同的文种选用的词语也不同，在撰写时一定要注意对象和语境。

应用文用语得体具体体现在以下几个方面。

(一)准确

准确是指用通顺的语言和恰当的表达方式，确切无误地传达思想和内容。准确是文章语言最基本的要求。语言的准确，涉及用词、造句、语法、逻辑、修辞等方面的要求。

首先，文章用词要贴切。公文中“表扬”和“表彰”“批评”与“批判”分量不同，“违纪”和“违法”的处理也不一样。广告中可以适当运用夸张的修辞手法，但夸大其词则招致广告失实，造成不良后果要承担法律责任。因此，用词要区分词义的细微差别，区分词语的感情色彩，和适用范围。另外，词语的搭配，介词、关联词、转折词的使用规范与否，都关系到句子的通顺和准确。

(二)简洁

简洁是指用尽可能少的字句表达比较丰富的内容，即古人所说的“文约而事丰”。要简洁，首先要从实际出发，干脆利落，突出中心，不说无关的话，不要过多修饰和比喻；其次是不说不言而喻的话和重复啰唆的话；最后是无须说得太明白的地方，点到即止。

(三)朴实

应用文重在实用,是因实际需要而形成并运用于实务的工具文书,因此,用语应平实质朴、通俗易懂。

此外,应用文因有其特定的作用和阅读对象,因此写作时还应根据行文目的、阅读对象选择相应的语体、语气。一般来讲,公文语言应庄重、简明。上行公文的读者对象是上级,所以用语应恭敬、诚恳;下行公文的读者对象是下级,用语应带有权威性、指令性;平行公文的读者对象是不隶属的社会组织,用语则应委婉、有礼;事务文书的语言应朴实、客观;礼仪类文书的语言则应端庄大方、情感适度。应用文只有语言运用得体,方能收到预期的良好表达效果。

第三节 应用文的表达方式

文章的表达方式共有五种:叙述、描写、说明、抒情和议论,这些表达方式也同样适用于应用文。叙述就是用文字叙述事实、交代情况;描写就是描摹人物、景物、事物的情态、状态;说明就是介绍事物、解释事理;抒情就是抒发情感、表达感受;议论就是表达作者观点并发表见解。

受应用文的文体特点和写作目的的制约,应用文写作常用的表达方式有叙述、说明、议论,抒情和描写则较少使用。因此,本节中将把重点放在前三种表达方式的介绍上,对后两种只作一般性介绍。

一、叙述

(一)叙述的概念

叙述是以记述人物的经历、行为或事物发展变化的过程表述出来的一种表达方式。完整的叙述有六要素,即时间、地点、人物、起因、经过、结果。

(二)叙述的作用

叙述是应用文的基本表达方式。它可以作为以叙说情况为主的情况报告、表彰或处分通报、市场调查报告、实习报告等文种的主要表达方式。

(三)叙述的要求

大部分应用文书对叙述的要求是要素完备、概括准确。叙述要素必须交代清楚，即时间、地点、人物、事情的起因、经过和结果这六要素要完备。注重对事件的整体介绍，不要求细节的具体、内容的详尽。

(四)叙述的人称

叙述的人称，是作者进行叙述的角度，它反映了作者的立足点与观察点。叙述的人称有两种，即第一人称和第三人称。

第一人称是指作者在文章中以见证人、当事人身份出现进行叙述，即我、我们，它能给人以真切感。比较常用第一人称的文种有报告、请示、函、计划、总结、邀请函、感谢信、实习报告等。需要说明的是，应用文书中的第一人称，指的往往是发文机关。只有很少一部分是作者本人，如个人计划、个人总结、述职报告、实习总结等。第三人称是指作者在文章中以局外人身份进行叙述，即他、她、它、他们等。比较常用第三人称的文种有通报、会议纪要、会议记录、合同等。

一般来说，叙述时只能使用一种人称，不能随意更换，以免造成人称混淆、叙述不清。

(五)叙述的方法

叙述的方法有顺叙、倒叙、插叙、分叙。应用文常见的叙述方法有顺叙和倒叙两种。

顺叙就是按照事情发展的顺叙进行叙述的方式。这种方式有利于把事情的来龙去脉交代清楚，有头有尾，易于组织材料，给人以完整的印象。比如我们平时写的学期总结、实习报告等就常按事件发生、发展的顺序来进行叙述。需要注意的是，在顺叙过程中要注意材料的取舍，不注意裁剪，平均用墨，会给人一种“记流水账之嫌”。

倒叙是指把事情的结局或是其中最精彩、最突出的片段提到前面先说，然后再按事件的发生顺序进行叙述的方式。倒叙的方法运用得当,可以造成悬念、引人入胜。

二、说明

(一)说明的概念

说明是用简明扼要的文字,把说明对象的形状、性质、特征、构造、成因、关系、功用等解说清楚的一种表达方式。

(二)说明的作用

说明在应用文中使用广泛,有很多文种都依赖这一表达方式。如介绍事物的形状、性质、特点、功能等,常常用于产品说明书和广告等文体。如介绍人物包括介绍人物的姓名、年龄、职业、特征、经历、地位等,使人们对这个人物的情况有一个概括性的了解,这在广播稿或表彰通报时经常使用。

(三)说明的要求

说明的要求必须做到客观和准确。客观即实事求是地进行说明,要以事实依据为基础,无溢美之词,无隐恶之嫌,反映事物本来的面目。准确即要抓住说明对象的具体特征,用语要恰当,要注意将其与其他相似事物区别开来。

(四)说明方法

常用的说明方法有以下几种:

1. 定义说明

以准确、科学的语言说明事物或事理的本质特征,使人们能够明确概念内涵。

2. 解释说明

对说明事物的特点、性质、规律、结构、用途等所做的具体解释。定义说明,是对事物本质特征的说明,但有时会比较笼统,所以人们常用解释说明,从而使人们对客观事物有一个全面的认识。如该厂生产的“多功能记忆学习器”,是将电学与大脑生理学原理相结合,通过视觉——读者——刺激大脑的直觉神经——记忆中枢这个原理研制而成的,与其他类似产品的原理截然不同。

3. 分类说明

把不同的说明对象分成不同的类别，加以介绍。通过对说明对象的分类，显示其差异性，使人们对被说明的事物有一个概括的了解，从而掌握不同的类型特征。产品说明书、广告等文种就常采用这种方法。

4. 比较说明

就是将两个事物进行相互比较，通过比较说明事物的特征，既可用于同类事物的比较，也可用于不同类事物的比较。这种说明方法在调查报告、广告等使用比较频多。

5. 数字说明

用确凿的数据来说明事物。在应用文中，有些问题是非用数字来说明不可的，例如公告数据、合同数据、标书数据、产品说明书数据等。

三、议论

（一）议论的概念

议论，即议事论理，是作者运用事实材料和理论材料进行逻辑推理分析、推理、评论，表明立场、阐明观点的一种表达方式。论点、论据、论证是议论的三要素，论点即作者提出的观点，论据即事实材料，论证即用事实材料和逻辑推理来阐述观点的全过程三者缺一不可。

（二）议论的作用

在应用文写作中，议论经常使用。如通报、意见等文种，经常在叙述事实、说明情况的基础上，表明作者对人物、事件、问题的评价。

（三）议论的要求

运用议论要注意，一是论点正确鲜明，作者提出的观点要实事求是、客观公正、清楚明白；二是论据确凿有力，作者拿出的论据要确切充分、典型具有代表性；三是论证周密周到，注意论点和论据要严丝合缝地吻合在一起，决不能自相矛盾。

(四)议论的主要形式

1. 祈使式

作者运用祈使的语调发表议论的方法。如“全会号召,全党同志紧密团结在以习近平同志为核心的党中央周围,全面深入贯彻本次全会精神,坚定不移维护党中央权威和党中央集中统一领导,继续推进全面从严治党。”

2. 反问式

作者以反问的语气发表看法、意见,这种方法多用在文章的结尾。例如,一篇反映机关部门办事互相推诿、效率不高的调查报告,作者在文章的结尾就问到:“真不知道,这个皮球还要踢到哪一年呢?”

3. 夹叙夹议式

夹叙夹议是应用文写作中最普遍、最主要的表达方式。这种表达方式,就是在叙述的基础上进行议论,也就是一边摆事实,一边讲道理。它可以是先叙后议,也可以是先议后叙。在一篇应用文中,只用一种表达方式的情形是很少见的,往往是叙述、说明和议论融合在一起,这样文章才变得生动丰满。

(五)议论的方法

应用文常用的议论方法有一下几种。

1. 举例论证,即用具体事例作为论据来证明论点的方法。运用举例论证,要注意观点与材料的一致性,还要注意材料的典型性。通常来说,通报、报告、总结等叙述说明文体中所选用的具体材料,都应该是典型实例。

2. 引用论证,即用典型性言论、科学定理、名人名言或生活中的常理作为论据来证明论点的方法。

3. 对比论证,即将两种截然相反的事物或观点加以比较,辨明是非优劣;或将过去与现在对比来证明变化。

四、抒情

(一)抒情的概念

抒情是运用富有感情色彩的语言抒发作者内心感受的一种表达方式。

(二)抒情的作用

有些文种有时需要表达鲜明的思想感情,以分清爱憎、辨明是非;有的需要加强宣传鼓动性,以振奋精神、鼓舞士气;有的需要提出希望、发出号召,坚定人们为实现共同目标而奋斗的信心,这时就需要运用抒情性文字。

在应用文中,抒情多用于广告、导游词、通讯、演讲辞等文体,主要用于直接或间接抒发作者的感情和感受,以增强文章的感情色彩,感染读者。

(三)抒情的方式

抒情有直接抒情和间接抒情两种方式。直接抒情就是作者在文章中直截了当地抒发和表白自己内心的情感。间接抒情就是借助叙述、描写、议论等方式来抒写自己的情感的表达方法。

五、描写

(一)描写的概念

描写就是用生动的语言,把人物或事物、景物的状况具体地描绘出来。描写的特征在于其形象性。

(二)描写的作用

描写主要运用于通报、简报、调查报告、讲话稿等部分文种中,而且往往与其他表达方式一起综合运用。尽管如此,描写在应用文中还可以起到再现与人物和事件有关的环境,突出人物形象,更好地展现人物思想、品质、性格的作用。

(三)描写的类型

主要有人物描写和环境描写两种。其中人物描写重点是对语言、动作、心理进行描写。语言描写是对人物的独白和人物对话的描写;动作描写是对人的行为、动作的描写;心理描写是对人物的思想活动和内心世界的描写。环境描写是对人物活动的自然环境和社会环境的描写。

第二章　公文类

第一节　公文概述

一、公文的定义

公文，是公务文书的简称，是应用文的一种类型。公文，狭义上是行政公文，是指国家行政机关在行政管理过程中所形成的具有法定效力和规范体式的文书；广义上是指我国现阶段的行政机关、企事业单位、社会团体等法定的社会组织在处理公务过程中形成并使用的具有法定效力和规范体式的文书。

二、公文的特点

(一)政治性

《党政机关公文处理工作条例》总则第三条明确指出："党政机关公文是党政机关实施领导、履行职能、处理公务的具有特定效力和规范体式的文书，是传达贯彻党和国家的方针政策，公布法规和规章，指导、布置和商洽工作，请示和答复问题，报告、通报和交流情况等的重要工具。"

(二)公务性

公文即公务文书，是专门为公务服务的。公文的对象不是某个人，而要代表行政机关、企事业单位、社会团体的整体意志和利益，为公不为私。

(三)规范性

公文的规范性主要表现在文种的规范、格式的规范、行文规则的规范等方面。每一项公务活动都有对应的公文文体，每一种文体都有其固定的格式。

(四)程式性

公文的基本格式及各要素均有严格统一的规定。文头文尾各要素的标注、标题的构成、正文的结构及表述用语、结束语等，都在规定或约定中形成了固定的模式，一般都要严格遵守而不能随意更改。

(五)时效性

公文在起草、印制、传递、阅读、管理等过程中，必须及时高效，为推动机关工作服务，因此它明显地受到时间的制约。

(六)庄重性

公文的语言是典雅、庄重的书面语，具有明确、规范、古朴、简洁的特点，其主要用逻辑思维，不用或少用形象思维。在构思和表达时，着重于对事物进行分析与论述，通过判断、归纳、综合，形成语义确定、逻辑严密、条理分明的文字材料，而很少用描写、抒情的手法。同时，公文重视使用专用词语，适当使用文言句式和古语词，恰当运用规范化的缩略语，因此，公文语言呈现出典雅庄重、简洁凝练的语体风格。

三、公文的作用

(一)领导和指导作用

上级机关发给下级机关的公文，都具有领导和指导作用。上级机关传达贯彻党和国家的方针政策、决定和规定等公文，必然要对下属机关产生领导作用。

(二)行为规范作用

通过公文发布的一些法律、法令和行政法规等,同样对所辖成员起着规范和准绳作用。

(三)宣传和教育作用

公文在传达某一方针政策,规定人们应该怎么做的同时,还要说明为什么要这样做,这就增强了它的宣传和教育作用。

(四)联系和知照作用

机关之间的许多工作是通过公文进行联系、协调的,许多具体问题也是因此而得到及时处理的,还有许多对工作的开展具有重要意义的信息资料也是这样获得的。因此,公文在保证各机关正常而有秩序地开展工作上,起着极大的作用。

(五)依据和凭证作用

各种公文都反映了制发机关的意图,都具有法定的效力,受文机关则以此作为处理工作、解决问题的依据。公文不仅仅传达了发文机关的意图,同时也是证实这一意图的最好凭证。

四、公文的种类

《党政机关公文处理工作条例》规定,行政机关的公文种类主要有决议、决定、命令(令)、公报、公告、通告、意见、通知、通报、报告、请示、批复、议案、函、纪要。

(一)决议

决议适用于会议讨论通过的重大决策事项。

(二)决定

决定适用于对重要事项做出决策和部署、奖惩有关单位和人员、变更或者撤销下级机关不适当的决定事项。

(三)命令(令)

命令(令)适用于公布行政法规和规章、宣布施行重大强制性措施、批准授予和晋升衔级、嘉奖有关单位和人员。

（四）公报

公报适用于公布重要决定或者重大事项。

（五）公告

公告适用于向国内外宣布重要事项或者法定事项。

（六）通告

通告适用于在一定范围内公布应当遵守或者周知的事项。

（七）意见

意见适用于对重要问题提出见解和处理办法。

（八）通知

通知适用于发布、传达要求下级机关执行和有关单位周知或者执行的事项，批转、转发公文，任免和聘用干部。

（九）通报

通报适用于表彰先进、批评错误、传达重要精神和告知重要情况。

（十）报告

报告适用于向上级机关汇报工作、反映情况，回复上级机关的询问。

（十一）请示

请示适用于向上级机关请求指示、批准。

（十二）批复

批复适用于答复下级机关请示事项。

（十三）议案

议案适用于各级人民政府按照法律程序向同级人民代表大会或者人民代表大会常务委员会提请审议事项。

(十四)函

函适用于不相隶属机关之间商洽工作、询问和答复问题、请求批准和答复审批事项。

(十五)纪要

纪要适用于记载会议主要情况和议定事项。

五、公文的格式

公文格式,即公文规格样式,是指公文中各个部分的构成方式和印刷排版规范。我国现行通用的公文格式是中共中央办公厅、国务院办公厅印发的《党政机关公文处理工作条例》中规定的党政机关公文格式。该文件对公文的各个方面都做了具体的要求,规定了党政机关公文通用的纸张要求、排版和印制装订要求、公文格式各要素的编排规则,并给出了公文的式样。

(一)公文用纸幅面尺寸和版面、印制装订要求

1. 幅面尺寸

公文采用 A4 型纸,其成品幅面尺寸为 210mm×297mm。

2. 页边和版心尺寸

公文用纸天头(上白边)为 37mm±1mm,订口(左白边)为 28mm±1mm,版心尺寸为 156mm×225mm。

3. 字体和字号

如无特殊说明,公文格式各要素一般用 3 号仿宋体字。特定情况可以做适当调整。

4. 行数和字数

一般每面排 22 行,每行排 28 个字,并撑满版心。特定情况可以做适当调整。

5. 文字的颜色

如无特殊说明,公文中文字的颜色均为黑色。

6. 印制装订要求

版面干净无底灰,字迹清楚无断划,尺寸标准,版心不斜,误差不超过 1mm。公

文应当左侧装订，不掉页，两页页码之间误差不超过 4mm，裁切后的成品尺寸允许误差±2mm，四角成 90°，无毛茬或缺损。包本装订公文的封皮（封面、书脊、封底）与书芯应吻合、包紧、包平、不脱落。

(二)公文格式各要素的编排规则

公文格式各要素划分为版头、主体、版记三部分。公文首页红色分隔线以上的部分称为版头，公文首页红色分隔线（不含）以下、公文末页首条分隔线（不含）以上的部分称为主体，公文末页首条分隔线以下、末条分隔线以上的部分称为版记。页码位于版心外。

1. 版头

（1）份号

份号即公文份数序号，同一份公文印制多份时需给每一份按顺序编制序号。一般只有秘密文件才需要份号，常用一般公文则不需要。份号顶格编排在版心左上角第一行。

（2）密级和保密期限

需要保密的公文必须标注密级和保密期限，一般常用公文不需要。密级分为绝密、机密、秘密三种等级。密级和保密期限一般用 3 号黑体字，顶格编排在版心左上角第二行；保密期限中的数字用阿拉伯数字标注。

（3）紧急程度

对公文送达办理速度有要求的需标注公文紧急程度，按紧急程度公文可分为急件和特急件两种。紧急程度一般用 3 号黑体字，顶格编排在版心左上角；如需同时标注份号、密级和保密期限、紧急程度，按照份号、密级和保密期限、紧急程度的顺序自上而下分行排列。

（4）发文机关标志

发文机关标志由发文机关全称或者规范化简称和“文件”二字组成，也可以使用发文机关全称或者规范化简称。发文机关标志居中排布，上边缘至版心上边缘为 35mm，推荐使用小标宋体字，颜色为红色，以醒目、美观、庄重为原则。

联合行文时，如需同时标注联署发文机关名称，一般应当将主办机关名称排列在前；如有“文件”二字，应当置于发文机关名称右侧，以联署发文机关名称为准上下居中排布。

(5)发文字号

发文字号编排在发文机关标志下空两行位置，居中排布。年份、发文顺序号用阿拉伯数字标注；年份应标全称，用六角括号“〔〕”括入；发文顺序号不加“第”字，不编虚位(即1不编为01)，在阿拉伯数字后加“号”字。

上行文的发文字号居左空一字编排，与最后一个签发人姓名处在同一行。

(6)签发人

签发人由“签发人”三字加全角冒号和签发人姓名组成，居右空一字，编排在发文机关标志下空两行位置。“签发人”三字用3号仿宋体字，签发人姓名用3号楷体字。

如有多个签发人，签发人姓名按照发文机关的排列顺序从左到右、自上而下依次均匀编排，一般每行排两个姓名，回行时与上一行第一个签发人姓名对齐。

(7)版头中的分隔线

发文字号之下4mm处居中印一条与版心等宽的红色分隔线。

2. 主体

公文的主体部分包括标题、主送机关、正文、附件说明、发文机关署名、成文日期、印章、附注、附件等内容。

(1)标题

标题用2号小标宋体字，编排于红色分隔线下空两行位置，分一行或多行居中排布；回行时，要做到词义完整，排列对称，长短适宜，间距恰当；标题排列应当使用梯形或菱形。

最基本的标题形式是“三项式”，由发文机关、事由、文种三部分组成，如“××学校关于期末考试的通知”。

(2)主送机关

主送机关是指发文机关要求对所发公文内容进行答复或处理的对方机关。编排于标题下空一行位置，居左顶格，回行时仍顶格，最后一个机关名称后标全角冒号。如主送机关名称过多导致公文首页不能显示正文时，应当将主送机关名称移至版记。

(3)正文

公文首页必须显示正文。正文一般用3号仿宋体字，编排于主送机关名称下一行，每个自然段左空两字，回行顶格。文中结构层次序数依次可以用“一、”“(一)”“1.”“(1)”

标注；一般第一层用黑体字，第二层用楷体字，第三层和第四层用仿宋体字标注。

(4)附件说明

公文如有附件，在正文下空一行左空两字编排“附件”二字，后标全角冒号和附件名称。如有多个附件，使用阿拉伯数字标注附件顺序号（如“附件：1. ×××××”）；附件名称后不加标点符号。附件名称较长需回行时，应当与上一行附件名称的首字对齐。

(5)发文机关署名、成文日期和印章

单一机关行文时，一般在成文日期之上、以成文日期为准居中编排发文机关署名，印章端正、居中下压发文机关署名和成文日期，使发文机关署名和成文日期居印章中心偏下位置，印章顶端应当上距正文（或附件说明）一行之内。

联合行文时，一般将各发文机关署名按照发文机关顺序整齐排列在相应位置，并将印章一一对应、端正、居中下压发文机关署名，最后一个印章端正、居中下压发文机关署名和成文日期，印章之间排列整齐、互不相交或相切，每排印章两端不得超出版心，首排印章顶端应当上距正文（或附件说明）一行之内。

成文日期一般右空四字编排，印章用红色，不得出现空白印章。用阿拉伯数字将成文日期中的年、月、日标全，年份应标全称，月、日不编虚位（即 1 不编为 01），如“2018 年 9 月 8 日”。

(6)附注

如有附注，居左空两字加圆括号编排在成文日期下一行。

(7)附件

附件应当另面编排，并在版记之前，与公文正文一起装订。“附件”二字及附件顺序号用 3 号黑体字顶格编排在版心左上角第一行。附件标题居中编排在版心第三行。附件顺序号和附件标题应当与附件说明的表述一致。附件格式同正文。

如附件与正文不能一起装订，应当在附件左上角第一行顶格编排公文的发文字号并在其后标注“附件”二字及附件顺序号。

3. 版记

版记包括分隔线、抄送机关、印发机关和印发日期。

(1)分隔线

分隔线与版心等宽，首条分隔线和末条分隔线用粗线（推荐高度为 0.35mm），中间的分隔线用细线(推荐高度为 0.25mm)。首条分隔线位于版记中第一个要素之上,末条分隔线与公文最后一面的版心下边缘重合。

(2)抄送机关

如有抄送机关,一般用 4 号仿宋体字,在印发机关和印发日期之上一行、左右各空一字编排。“抄送”二字后加全角冒号和抄送机关名称,回行时与冒号后的首字对齐,最后一个抄送机关名称后标句号。

如需把主送机关移至版记,除将“抄送”二字改为“主送”外,编排方法同抄送机关。既有主送机关又有抄送机关时,应当将主送机关置于抄送机关之上一行,之间不加分隔线。

(3)印发机关和印发日期

印发机关和印发日期一般用 4 号仿宋体字,编排在末条分隔线之上。印发机关左空一字,印发日期右空一字,用阿拉伯数字将年、月、日标全。年份应标全称,月、日不编虚位(即 1 不编为 01),后加“印发”二字。

第二节 公告 通告

一、公告

(一)公告的定义

公告是向国内外宣布重要事项或者法定事项时使用的行政公文。

(二)公告的特点

1. 发文机关的限制性

公告只适用于向国内外宣布重大事项和法定事项,所以发公告的机关是有严格限制的。只有国家最高权力机关(全国人民代表大会),国家最高行政机关(国务院)及其所属部门,各省、自治区、直辖市行政领导机关,某些法定机关,如税务局、海关、铁路局、人民银行、检察院、法院等,才能发布公告。其他地方行政机关一般不能发布公告。党团组织、社会团体、企事业单位不能发布公告。

2. 公布范围的广泛性

在公布性行政公文中，公告的公布范围最为广泛，可以在世界范围内公布。

3. 公布内容的重大性

公告的内容一般是能在国际国内产生一定影响的重要事项或者依法必须向社会公布的法定事项。

(三)公告的格式与写法

公告一般由标题、正文和落款组成。

1. 标题

公告的标题一般有两种写法：一是“发文机关＋事由＋文种”，如《住房城乡建设部关于核准2018年度第六批建设工程企业资质名单的公告》；二是“发文机关＋文种”，如《中华人民共和国应急管理部公告》。

2. 正文

公告的正文一般由公告原因、公告事项、公告结语三部分组成。

公告原因一般用一两句话概括就可以，如“根据××法律规定”。

公告事项是公告正文的主体部分，即核心内容。公告事项要写得翔实具体，如果内容较多，可分条罗列。文字表述必须简洁、准确、翔实，要逻辑严密，不能带主观因素，不得有分析和评论。

公告结语一般写“特此公告”或“现予公告”，也可以不写。

3. 落款

公告落款包括发文机关、日期和印章。

(四)公告写作的注意事项

公告写作时要注意：写作逻辑严密，条理清楚，语言通俗，用词严肃；要开门见山，直陈其事，一事一告；公告一般不编号，但当某一次会议或某一专门事项需要连续发布几个公告时，则应在标题下单独编号。

二、通告

(一)通告的定义与特点

通告是在一定范围内公布应当遵守或者周知的事项时使用的行政公文。

(二)通告的特点与种类

通告是知照性下行文,具有鲜明的告知性,一定的制约性等特点,因其内容多涉及具体的业务活动或工作,所以,通告在内容上还具有专业性的特点。

通告按用途可分为周知性(事务性)通告、规定性(制约性)通告两大类。

1. 周知性(事务性)通告

即在一定范围的公布需要周知或需要办理的事项,政府机关、社会团体、企事业单位均可使用。如《建征地通告》《更换证件通告》《施工通告》等。

2. 规定性(制约性)通告

用于公布应当遵守的事项,只限行政机关使用,如《关于止燃放烟花爆竹的通告》。

(三)通告的格式与写法

通告一般由标题、正文和落款组成。

1. 标题

通告的标题有三种写法:一是"发文机关+事由+文种",如《×××公安局关于×××事件的通告》;二是"事由+文种",如《关于×××的通告》;三是"发文机关+文种",如《北京市公安局公安交通管理局通告》。

2. 正文

通告的正文一般由通告原因、通告事项、通告结语三部分组成。

通告原因主要写发布通告的背景、根据、目的、意义等。一般采用如下句式"为……,特通告如下"或者"根据……,特通告如下"引出通告的事项。

通告事项是通告正文的核心部分,包括周知事项和执行要求。首先,通告事项要条理分明，层次清晰。如果内容较多，可采用分条列项的方法；如果内容比较单一，可采用贯通式方法。其次，通告事项要明确具体，清楚地写明受文对象应执行的事项，以便于理解和执行。

通告结语一般用“特此通告”或“本通告自发布之日起实施”等惯用语作为结尾。有些通告也可以没有结语。

3. 落款

通告落款包括发文机关、日期和印章。

三、公告与通告的区别

公告与通告有共同点，即都属于告知性公文，但两者也有区别。

(一)使用范围不同

公告面向国内外，通告则常常面向国内社会有关方面，或者某一区域、某一行业、某一特定人群。

(二)宣布事项不同

公告常常用于公布国家重要事项或者法定事项，通告则常常用于宣布人们应当遵守的规则或者周知的具体事项。

(三)发文机关不同

公告的发文机关往往是国家行政机关或权力机关，如国务院，国务院各部委，各省、市人民政府，以及法定的有关职能部门，等等。一般企事业单位、社会团体不能使用公告发布事项。通告则可由各级机关、企事业单位与社会团体发布。

例文 1

中华人民共和国应急管理部公告

2018 年　第 6 号

根据《对安全生产领域失信行为开展联合惩戒的实施办法》(安监总办〔2017〕49号)的规定,经审核,将北京环能工程技术有限责任公司等 59 家生产经营单位及其有关人员纳入安全生产失信联合惩戒“黑名单”管理,现予公告。

附件:2018 年第三批安全生产失信联合惩戒“黑名单”单位名单

中华人民共和国应急管理部(章)

2018 年 7 月 26 日

例文分析

这是一份宣布国家重要事项的公告,带有一定的惩罚意味。公告内容简单明了。公告原因是“根据《对安全生产领域失信行为开展联合惩戒的实施办法》(安监总办〔2017〕49 号)的规定”,公告事项是“经审核,将北京环能工程技术有限责任公司等 59 家生产经营单位及其有关人员纳入安全生产失信联合惩戒‘黑名单’管理”,公告结尾是“现予公告”,充分体现了公告这种文体的严肃性。因该公告是连续性公告,所以,标题下方标注了“2018 年　第 6 号”。

例文 2

关于东城区沙滩后街采取交通管理措施的通告

为保证东城区沙滩后街的交通安全与畅通，根据《中华人民共和国道路交通安全法》的有关规定，决定自 2018 年 7 月 10 日起，对沙滩后街（景山东街至沙滩北街段）采取禁止机动车东向西方向行驶的交通管理措施。

特此通告

北京市公安局公安交通管理局（章）

2018 年 7 月 3 日

例文分析

这是北京市公安交通管理局发布的正式通告。通告内容比较单一，直接点出通告原因“为保证东城区沙滩后街的交通安全与畅通”，然后说明通告事项“自 2018 年 7 月 10 日起，对沙滩后街（景山东街至沙滩北街段）采取禁止机动车东向西方向行驶的交通管理措施”。内容简单明了，让读者一目了然。

写作训练

一、请阅读以下材料，并代某市公安局拟写一份通告。

某市公安局北区派出所根据全省公安户籍系统升级工作相关要求，从 2018 年 12 月 26 日起使用新的人口信息系统。因该派出所所辖区域人口众多，业务量大，根据近期办理情况，每天最多只能办理 300 人次的户籍业务。为营造和谐有序的办事环境，该派出所拟采用预约叫号的方式办理业务，每日 8:00 开始取号，按顺序排队取号

(一人一票,当日有效)。

二、阅读以下材料,并代该企业拟写一份通告。

近期上海某超市销售染色馒头,在社会各界引起强烈反响,再次引发社会对食品安全卫生的关注。某企业以此为戒,将进一步从以下几方面加强本企业的食品安全管理:

1. 公司成立食品安全小组,由公司总经理任组长,营运部经理任副组长,各门店店长或合作业主任门店食品安全负责人。

2. 各门店由负责人组织召开全员食品卫生会议,宣传食品安全卫生的重要意义和重大责任。

3. 食品安全卫生小组于本周对各自负责的部门做一次全面卫生自查工作,检查是否达到公司的日常卫生条例要求。

4. 2018 年 4 月 15 日至 5 月 15 日的一个月内,营运部上门对各门店卫生安全工作进行检查,对未达标的,予以警告、整改、处罚甚至歇业整顿。

第三节　通知　通报

一、通知

(一)通知的定义

通知适用于发布、传达要求下级机关执行和有关单位周知或者执行的事项,批转、转发公文,任免和聘用干部。

(二)通知的特点

通知是批转下级机关公文,转发上级机关和不相隶属机关的公文,传达要求下级机关办理和有关单位需要周知或执行的事项,其特点如下:

1. 应用广泛

在所有公文中,通知的使用是最广泛的。首先,任何一级机关、企事业单位、群众团体,均可制发通知,不受机关或组织性质、级别的限制;其次,无论是上级领导机关的重要决策，还是日常的行政工作，都可以使用通知。

2. 使用频率高

由于通知适用范围广泛，行文简便，写法灵活，所以在现行公文中使用频率很高。

3. 内容单一

一则通知一般只布置一项具体的工作事项，对写作的格式无严格要求，与其他指令性公文相比较，显得灵活简便。

（三）通知的种类

1. 事务性通知

事务性通知主要用于处理日常工作中带事务性的事情，常把有关信息或要求用通知的形式传达给有关部门。

（1）事项通知

事项通知用于传递信息和交代事项，或者上级机关指示下级机关如何开展工作，如《海南省××学校关于开展学雷锋活动的通知》。

（2）会议通知

会议通知用于告知相关单位和个人关于参加会议的时间、地点、注意事项等，如《××公司关于举办2018年安全工作会议的通知》。

（3）发布性通知

发布性通知用于发布行政规章制度及党内规章制度，如《中共中央、国务院关于印发〈关于实行党风廉政建设责任制的规定〉的通知》。

2. 批转、转发性通知

批转性通知用于上级机关批转下级机关的公文，让其周知或执行，其重点在于"批"，批语通常用"同意……"。

转发性通知用于转发上级机关和不相隶属机关的公文，让受文者周知或执行，其重点在于"转"，转发语通常用"现将……转发给你们，请认真贯彻执行"。

3. 任免通知

上级机关在任免下级机关的干部或上级机关有关干部任免的事项需要下级机关知道时，要发任免通知，如《××学校关于李××等同志职务任免的通知》。

(四)通知的格式与写法

通知一般由标题、主送机关、正文、落款四部分组成。

1. 标题

通知的标题一般有两种写法：一是“发文机关＋事由＋文种”，如《中共中央办公厅、国务院办公厅关于严禁用公费变相出国(境)旅游的通知》；二是“事由＋文种”，如《关于做好期中教学检查工作的通知》。如果通知的内容紧急，可在标题中“通知”两字前加上“紧急”两字，如《教育部办公厅关于进一步做好防汛抗灾减灾工作的紧急通知》。

发布规章的通知，所发布的规章名称要出现在标题的主要内容部分，如《海南省人民政府关于印发海南省引进人才落户实施办法的通知》。

为简明起见，批转、转发性通知的标题一般会省略转发文件的发文机关和书名号，只出现转发的文件内容，如《海南××大学转发关于进一步做好教师普通话水平等级达标工作的通知》。

2. 主送机关

通知通常有特定的受文者，因此要标明主送机关。在标题下，正文前一行顶格写主送机关的全称，后面加上冒号。

有些在大众媒介上发布的告知性通知，因受文范围广，可不写主送机关。

3. 正文

通知的正文一般包括通知原因、通知事项、通知要求三部分。

发布性通知的正文都很简短，写明发文的意义和目的，提出执行的要求就可以了。

批示性通知的正文一般包括转发对象和批示意见两个部分。转发对象部分要写明被转发公文的名称及原发单位名称。根据实际情况，批示意见可长可短，不仅要表明本机关的态度，还要结合本地区、本单位、本部门的实际情况给出具体的指示性意见。对下级机关的批示用语通常有“参照执行”“遵照执行”“研究执行”“认真贯彻执行”等。要根据所批转或转发文件的具体情况，选择合适的词语。

指示性通知的正文，其缘由部分可以写发出本通知的依据和目的，也可写发出本通知的意义，文字应力求简短概括，然后用“特通知如下”转入通知的内容。

会议通知的正文一般包括召开会议的机关、会议名称、会议起止时间、会议地点、会议内容和任务、参加会议人员的条件和人数、报到时间及地点、与会人员所携带的文件材料等内容。

任免通知的正文要写清楚决定任免的时间、机关、会议或依据文件以及任免人员的具体职务。

一般性通知的正文要交代需办什么事、什么时间完成和要求等。

4.落款

通知落款包括发文机关、日期和印章。

(五)通知写作的注意事项

通知必须交代清楚要求和措施,可以分条列项也可采用小标题的形式,这样才更有利于下级执行。

会议性通知要把会议目的、名称、内容、参加人员、会议时间、会议地点等写得准确无误,不然会引发后续的会议事故。

二、通报

(一)通报的定义与特点

通报适用于表彰先进、批评错误、传达重要精神和告知重要情况。

通报的特点如下:

1.反映问题的具体性

通报所反映的内容通常是具体的正反典型事例,工作中出现的新情况或有一定影响的事情。写入通报的材料一般是具体的人和事,要求具体地反映事件发生的时间、地点、人物的基本情况,而不是反映抽象的、笼统的事物。

2.反映事物的典型性

通报内容必须具有典型意义,或在全局性工作中具有一定的代表性,以达到宣传教育群众、推动工作的目的。

(二)通报的种类

1. 表彰性通报

表彰性通报用于表彰先进集体和个人,有树立典型、号召大家学习的作用。

2. 批评性通报

批评性通报用于批评错误、处分人员、处理事故,有惩戒警示的作用。

3. 情况通报

情况通报用于传达事件情况、沟通上下信息、公布事件进展,有及时公布信息的作用。

(三)通报的格式与写法

与通知一样,通报一般也由标题、主送机关、正文、落款四部分组成。

1. 标题

通报的标题有两种写法:一是“发文机关+事由+文种”,如《中共广东省委关于中央第八巡视组反馈意见整改情况的通报》;二是“事由+文种”,如《关于××情况的通报》。

2. 主送机关

通报一般需要写明主送机关,如果受文范围较广,则可以省略主送机关。

3. 正文

(1)表彰性或批评性通报

表彰性或批评性通报正文一般包括:说明表彰或批评的原因,真实客观地反映事实;对表彰或批评的事实进行准确的分析、中肯的评价;对表彰或批评的集体或个人进行嘉奖或惩处;号召大家向被表彰的对象学习,或者警示大家要以被惩处的对象为戒。

(2)情况通报

情况通报的正文首先中肯准确地写明被通报的情况,然后根据被通报的情况提出希望和要求。

4. 落款

通报落款包括发文机关、日期和印章。

三、通知与通报的区别

通知与通报虽有共同之处，但从适用范围、目的、内容构成来看，二者是有一定区别的。

（一）适用范围不同

通知适用于发布、传达要求下级机关执行和有关单位周知或者执行的事项，批转、转发公文，任免和聘用干部。通报适用于表彰先进，批评错误，传达重要精神和告知重要情况。

（二）行文目的不同

发布通知的目的是使受文单位了解发文单位要求其做什么和怎么做，从而行动起来。制发通报的目的则在于使受文单位了解某一重要情况或典型事件，从而受到教育、启发。

（三）内容构成层次不同

通知一般由受文单位做什么和怎么做两大层次构成，要直陈直述，不用举例和论证。通报则不同，它一般由情况和事例构成，要求对情况和事例做简明扼要的分析，并对分析的结果加以讨论。

例文 1

海南省教育厅

关于将防汛防风Ⅳ级应急响应提升至防汛防风Ⅲ级应急响应的通知

各市、县、自治县教育（教科）局，三沙市社会事业与后方基地管理局，洋浦经济开发区社会发展局，各高等学校、省属中等职业学校，厅直属中学：

据气象预报，今年第 16 号台风“贝碧嘉”（强热带风暴级）8 月 15 日 05 时中心位于北纬21.2度、东经112.3度，也就是距离广东省阳江市南偏东方向约80公里的南海西北部海面上，中心附近最大风力10级(25米/秒)，七级大风范围半径100—150公里。预计“贝碧嘉”将以每小时10公里左右的速度向偏西方向移动，可能于15日夜间在广东电白到海南文昌一带沿海登陆。

根据《海南省防汛防风抗旱应急预案》有关规定，省三防总指挥部决定从8月15日08时起将防汛防风Ⅳ级应急响应提升至防汛防风Ⅲ级应急响应。全省教育系统同步提升至防汛防风Ⅲ级应急响应，请各地各校按有关规定做好相关应急处置工作。

海南省教育厅(章)

2018年8月15日

例文分析

这是一份台风应急紧急通知，由于是针对海南省教育系统的，所以主送机关涉及全省各个教育单位。该通知内容分为两部分：第一部分写通知的原因，也就是台风目前情况有变化且紧急；第二部分写通知的事项及要求，具体事项就是将防汛防风Ⅳ级应急响应提升至防汛防风Ⅲ级应急响应，要求各单位按照防汛防风Ⅲ级应急响应的要求做好相关应急处置工作。

例文2

××公司关于地址迁移的通知

我公司已迁至××市鼓楼西大街甲××号办公，新开户银行：××市农业银行地安门分理处，账号×××××××××××，原来的开户银行及账号于7月1日撤销。

特此通知

××公司(章)

20××年12月5日

例文分析

这是一则批评性通报。该通报首先简明扼要地说明通报的情况，包括时间、通报的缘由及处理结果，最后提出了公司全体员工要对此次行为引以为戒。

写作训练

一、请阅读以下材料，并代××市委宣传部拟写一份通知。

2017 年 11 月 28 日，××市委宣传部向全市各媒体发了一个通知，通知的主要内容是定于 11 月 29 日下午 4:30 在市委新闻发布厅举行记者会，届时将发布重要消息，不回答记者的有关提问，欢迎各位记者参加。请根据以上情况，按照通知的格式，拟写一份通知。

二、请阅读以下材料并为秀英派出所拟写一份通报。

2017 年 11 月 25 日下午 5 时左右，秀英机械厂青年工人王松在骑自行车下班途经秀英小街时，看见一个歹徒抢了一位女学生的皮包后逃走。小王骑自行车截住歹徒并把他抓住，但却被另外一个随后接应的歹徒从背后狠狠扎了一刀，小王身受重伤，仍紧紧抓住歹徒不放。最后，闻讯而来的秀英派出所民警把两个歹徒都抓获了。

为弘扬王松同志这种见义勇为的大无畏精神，秀英派出所决定给予王松通报表扬，并发给奖金 2000 元作为精神奖励。

第四节　报告　请示

一、报告

(一)报告的定义与特点

报告适用于向上级机关汇报工作、反映情况,回复上级机关的询问。

报告具有如下特点。

1. 行文的单向性

报告是下级机关向上级机关汇报工作、反映情况、提出建议时使用的单方向上行文,不需要上级机关给予批复。在这方面,报告和请示有着较大的不同,请示具有双向性特点,必须有批复与之相对应,报告则是单向性行文,不需要任何相对应的文件。

2. 内容的汇报性

报告是下级机关向上级机关或业务主管部门汇报工作,让上级机关掌握基本情况并及时对自己的工作进行指导,因此,汇报性是报告的一大特点。

3. 语言的陈述性

报告在汇报工作、反映情况时,所表达的内容和使用的语言都是陈述性的。本单位遵照上级的指示,做了什么工作、怎样做这些工作、取得了哪些成绩、还存在哪些不足,要逐一向上级陈述。反映情况时,也要把时间、地点、人物、事件、原因、结果叙述清楚,向上级机关提供准确的现实性信息。即便是提出建议的报告,也要在汇报情况的基础上,才能深入一步提出建议来。

4. 成文的事后性

在机关工作中,有“事前请示,事后报告”的说法。多数报告,都是在开展了一段时间的工作之后,或是在某种情况发生之后向上级做出的汇报。

5. 双向的沟通性

报告虽无需批复，却是下级机关以此取得上级机关的支持和指导的桥梁；同时，上级机关也能通过报告获得相关信息，以此了解下级机关工作的开展情况，因此，报告也是上级机关决策指导和协调工作的一项重要依据。

（二）报告的种类

1. 综合报告

综合报告是就工作的全面情况向上级写的汇报性报告，其内容大体包括工作进展情况、成绩或存在的问题、经验或教训以及对今后工作的意见或建议。综合报告的特点是全面、概括、精练。

2. 专题报告

专题报告是针对某项工作中的某个问题向上级所写的汇报性报告。专题报告的使用一般分两种情况：一种是工作出现较大失误或者出现问题时，另一种是专项报告工作中出现的新经验、新方法、新成果。

3. 答复性报告

答复性报告是下级机关答复上级机关询问时使用的报告。这种报告要求问什么答什么，不涉及询问以外的问题或情况，简单准确地回复上级提出的问题即可。

4. 呈报性报告

呈报性报告主要是下级向上级报送文件、物件时随文随物写的一种报告。一般是用一两句话说明报送文件或物件的根据或目的以及与文件、物件相关的事宜。

5. 例行工作报告

例行工作报告是下级因工作需要定期向上级所写的报告，如财务报告、费用支出报告等。

（三）报告的格式与写法

报告由标题、主送机关、正文、落款四部分组成。

1. 标题

报告的标题有两种写法：一是“发文机关＋事由＋文种”，如《××学校关于 2018

年秋季开学情况的报告》;二是“事由+文种”,如《关于××省安全工作检查情况的报告》。报告较紧急的话,可在“报告”两字前面加上“紧急”字样。

2. 主送机关

报告有指定的主送领导机关,要在标题下、正文前一行顶格写上主送机关的全称,后面加上全角冒号。

3. 正文

(1)报告的缘由

以简要概括的语言,写明报告的原因、依据和目的,或提示报告的主要内容,或简要介绍所报告的事项、情况。而后用“现将有关情况报告如下”之类承启语,转人报告的主体部分。

(2)报告的事实和问题

本部分为报告的核心、主体。要重点写明工作进展情况,采取的措施及取得的成效,存的问题及不足,对今后工作的意见;或写明事情发生的基本情况,需将突发情况或某事原委、经过、结果、性质与建议表述清楚。

(3)结束语

报告的结束语常见的有两种,一种是根据报告的事实或问题提出几点建议或意见,供领导参考;另一种是用“特此报告”或“请指正”“请审查”等作结束语。呈转性报告常用“以上报告如无不妥,请予批转执行”等结束语。

4. 落款

报告落款包括发文机关、日期和印章。

二、请示

(一)请示的定义

请示适用于向上级机关请求指示、批准。请示属于上行文,应用范围也比较广。

(二)请示的特点

1. 期复性

请示是请求上级给予指示并期待上级批复的公文,期复性是它的特点之一。

2. 单一性

请示要求一文一事,因此具有内容集中、单一的特点。

3. 请示内容的限定性

并非事无巨细地向上级请示,属于自己职权范围内的问题还是应该尽力自己解决。所请示的问题必须是在自己的职权范围内无法解决或无权解决的。

(三)请示的格式与写法

请示一般由标题、主送机关、正文、落款和附注五部分组成。

1. 标题

请示的标题有两种写法:一是"发文机关+事由+文种",如《××学校关于采购信息化教学设备的请示》;二是"事由+文种",如《关于承办××省第五届大学生篮球赛器材经费的请示》。

2. 主送机关

请示的主送机关是负责受理和答复该文件的机关。每份请示只能写一个主送机关,不能"多头"请示。

3. 正文

请示的正文一般由请示缘由、请示内容和结束语三部分组成。

(1)请示缘由

这一部分提出请示的原因和理由。它是请示事项能否成立的前提条件,也是上级机关批复的根据。原因写得客观、具体,理由写得合理、充分,上级机关才好及时决断,予以有针对性的批复。

(2)请示内容

这部分主要说明请求事项。它是向上级机关提出的具体请求,也是陈述缘由的目的所在。这部分内容要单一,只宜请求一件事。另外,请示事项要写得具体、明确,条项清楚，以便上级机关给予明确批复。

(3)结束语

一般用“请予以批示”“当否，请批示”“妥否，请批复”“以上请示，请予审批”等作为结束语。

4. 落款

请示落款包括发文机关、日期和印章。

5. 附注

使用“请示”这一文种时，应写明附注。附注一般是用3号仿宋体字，居左空两字，写在成文日期下一行，加圆括号注明发文机关联系人的姓名和电话号码。

三、报告与请示的区别

(一)行文的作用和目的不同

报告用于向上级机关汇报反映工作情况，为上级机关提供信息和经验，便于上级机关指导和今后开展工作，其主要目的不在于获得上级机关的指示或批准，上级机关接文后不一定给予批复。

请示用于请求上级机关指示、批准或支持解决本单位无权或无力解决的具体而急迫的重要事项，上级机关接文后无论同意与否，务必迅速予以批复。

(二)内容结构不同

报告的内容比较广泛，特别是综合性报告，内容可以是多方面的。报告的主体内容由情况以及根据这些情况得出的问题、意见和有关事项组成。另外，报告不得夹带请示事项，也不能要求上级机关批复，它的结构可以不拘一格，篇幅也比较长。

请示的行文有着严格的要求。首先，要做到一事一文，即在一份请示中只能提出一个请求批准的事项或者一个请求解决的问题，否则上级机关不好答复。其次，请示只有一个主送单位，不可“多头”请示，否则会造成责任不清、谁也不答复或答复意见不一致等问题。

(三)行文时限和执行要求不同

报告所涉及的事项多是已经过去或是正在进行的事项,因此,可以在事后行文,也可在事中行文。请示则不同,它所涉及的事项都是将来可能发生的事项,必须经过上级批复后才能实施,所以必须事前行文。

例文 1

××学校关于设立学生助理岗位的报告

××市教育局:

根据市教育局相关文件要求,现将我校设立学生助理岗位的情况汇报如下:

一、学生助理岗位数

高一至高三每个年级设学生助理岗位 3 个,全校共设学生助理岗位 9 个。

二、学生助理补贴

学生助理每人每月补贴 300 元。

三、学生助理职责

协助各年级主任做好日常的教学管理工作。

××市××高级中学(章)

20××年 5 月 23 日

例文分析

这是一份典型的专题报告,报告的内容针对性强,准确具体,条理清晰。

例文 2

××市贸易局关于百货大楼重大火灾事故的报告

××省贸易厅：

20××年6月4日凌晨2时40分，我市江南区百货大楼发生重大火灾，经过两个多小时的扑救，于5时明火全部扑灭。该大楼二层经营的商品以及柜台、货架、门窗等全部烧毁，直接经济损失达50万元。造成此次重大火灾的直接原因，是二楼某个体裁剪户经二楼经理同意从总闸自接线路，夜间没断电从而导致电线起火。

这次火灾的发生已严重地说明了领导管理层对安全管理工作极不重视，日常内部管理混乱，安全制度不健全等严重问题，因而造成了惨重的经济损失，教训十分深刻。

火灾发生后，市政府和市贸易局十分重视，三次派人员到事故现场进行调查，并对此事进行严肃处理，责令该百货大楼二楼经理刘××停职检查，个体裁剪户李××罚款××万元并听候进一步处理。

今后，我们要吸取教训，切实加强对安全工作的领导，尤其加强对零售企业的安全管理，及时消除各种不安全的因素和隐患，为企业创造良好的经营环境。

××市贸易局（章）
20××年6月12日

例文分析

这是一篇情况报告。正文的第一部分简单地介绍了火灾情况、损失和失火的直接原因；第二部分写火灾事故的深层原因、教训；第三部分写对火灾的处理情况和结果；最后一部分表明单位态度和今后整改措施。全文行文简洁、层次分明、构思周密。

例文 3

××职业学校
关于学雷锋活动经费的请示

××市教育局：

根据市教育局相关文件要求，我校将积极组织学校师生前往社区开展学雷锋活动。为保障此次学雷锋活动的顺利开展，现申请活动经费一万元整，用于购买活动所需物品。

请予以批示。

××职业学校（章）
20××年3月2日

（联系人：李老师，联系电话：139××××××××）

例文分析

这是一份常见的经费请示，先写清楚经费申请的原因和经费申请的用途，最后写明申请经费的金额。

例文 4

××市金沙区交通分队
关于绵阳路禁行4吨以上汽车的请示

××市公安局：

我区辖内主要马路绵阳路路面狭窄(仅6米)，近年来，马路两侧商店日渐增多，行人拥挤，往往占用马路行走，因而造成与自行车和汽车争道，以致该路段经常交通堵塞，引发多起交通事故。为了保证附近单位及行人的安全，拟从5月1日起禁止4吨以上汽车在绵阳路通行。上述车辆可绕道附近的两英路行驶。

如无不当，请予批准。

××市金沙区交通分队(章)
20××年4月1日

例文分析

这是一篇请求批准的请示。请示缘由开门见山，理由充分，言简意赅；请示的事项具体明确，而且提出了自己的意见和建议供上级选择。

写作训练

一、请为本教学部团委向校团委拟写一份开展××活动的报告。报告正文要求写明为什么开展这次活动、开展活动的具体内容、有哪些收获等。

二、下面是××工业学校写的一则请示，在内容、语言、格式上都有不妥之处，请指出错误并据此材料重写一份请示。

请　示

市人民政府、市教育局：

我校今年由于住校生急剧增加，现有的学生宿舍已经无法容纳。为解决这一困难，我校需要再建一栋学生宿舍。另外我校的图书馆也尚未达到省级示范校标准，望上级部门给予适当支持。

特此请示，请回复。

××工业学校

2018 年 7 月 6 日

第五节　函

一、函的定义

函适用于不相隶属机关之间商洽工作、询问和答复问题、请求批准和答复审批事项。

二、函的特点

函可以是上行文、下行文，也可以是平行文，但大多数函属于平行文。函具有以下特点。

（一）功能的多用性

函是行政公文中用途最为广泛的文种之一。它主要用于平行机关或不相隶属机关之行文，也可以用于上下级之间的公务联系，上至国务院，下至基层组织。各级政府机关社会团体、企事业单位都广泛地使用函来沟通信息。

（二）写作的灵活性

函在写作上的灵活性主要表现为两方面，一是其篇幅短小，简便自由；二是笔调灵活多样，与公文相比，限制相对要小一些。

（三）行文方向多向性

函是平行文，但可以多向发文。它既可以在平行机关及不相隶属的机关之间使用，以在上下级机关之间使用。

（四）用语的谦敬性

不论什么类型的函，用语皆得注重谦恭有礼，尊重对方，力求得到对方更多的理解与支持。函是公文中最富有文学性的一种文体。

三、函的种类

（一）按发文目的分

按发文目的不同，函可以分为去函（发函）和复函（回函）两种。去函即主动提出公事事项所发出的函，复函则是为回复对方而发出的函。

（二）按性质分

按性质不同，函可以分为公函和便函两种。公函用于机关单位正式的公务活动往来，便函则用于日常事务性工作的处理。便函不属于法定公文。

（三）按用途和作用分

按用途和作用不同，函可分为商洽函、询问函、告知函、请求批准函和答复函等类型。商洽函多用于平行或不相隶属机关之间请求协助、商洽工作；询问函用于上行、平行、下行机关或不相隶属机关之间询问情况、征求意见、核查问题等；告知函用于将情况知照对方；请求批准函用于向平行机关或不相隶属机关主管部门请求批准；答复函用于答复询问。

四、函的格式与写法

函一般由标题、主送机关、正文、落款四部分组成。

函的写法和书信大体相同，因为是郑重的公务，所以有一定的格式要求，用语要得体，要不卑不亢，不能用命令的口吻、粗暴的语气。

（一）标题

函的标题有两种写法：一是“发文机关名称＋事由＋文种”，如《××公司关于选派技术人员进修的函》；二是“事由＋文种”，如《关于同意三亚市开展对越南旅游业务的函》。标题要写明是“函”还是“复函”。

（二）主送机关

主送机关即受文并办理来函事项的机关，在文首顶格写明全称或者规范化简称，其后加全角冒号。

（三）正文

1. 开头

写明行文的缘由，背景和依据。

一般来说，去函的开头或说明根据上级的有关指示精神，或简要叙述本地区和本单位的实际需要，疑惑和困难。复函的开头引用对方来文的标题及发文字号，有的复函还简述来函的主题，这与批复的写法基本相同。有的复函以“现将有关问题复函如下”一类文种承启语引出主体事项，即答复意见。

2. 主体

主体部分写需要商洽、询问、请求批准或答复审批及告知的事项。函，或去函和复函，事项一般都较单一，可与行文缘由并为一段。如果事项比较复杂，则可以采用分条列项书写。

3. 结语

不同类型的函结语也有所不同。如果行文只是告知对方事项而不必对方回复，则结语常用“特此函告”“特此函达”；若是要求对方复函的，则用“盼复”“望函复”“请即复函”等；请批函多以“请批准”“请大力协助为盼”“望能同意”等习惯用语；复函的结语常用“特此复函”“此复”等惯用语。有的函也不写结语。

(四)落款

函落款写发文机关名称，然后用阿拉伯数字标全年、月、日，并加盖公章。

例文 1

××学校关于赴××工商学院学习交流的函

××工商学院：

首先感谢贵校一直以来对我校工作的大力支持！

根据海南省教育厅的相关工作要求，为加强电子商务及物流专业建设，我校定于2017年8月6日至10日，派王明副校长等一行7人前往贵学院进行学习交流。

请贵学院予以安排。

××学校(章)

2017年8月2日

(联系人：李晓华，联系电话：189××××××××)

例文分析

这是一份公务拜访函。该文把拜访原因、时间以及人数写得清清楚楚，并注明联系人及联系方式，以便对方单位接洽。

例文 2

××公司关于选派技术人员进修的函

××××大学：

我公司属于新建公司，为提高专业人员的业务水平和科研能力，经研究决定选派××、×××、××三位同志分别到你校中文系、计算机系、外语系进修一年，进修费用按国家规定的标准，由公司财务科统一一次性付清。

能否接受，请予函复。

××公司（章）

20××年××月×日

例文分析

这是一则商洽函，请求对方单位协助解决的问题明确，语气委婉、恳切。

写作训练

一、请阅读以下材料，并代××大学向××师范大学拟写一份邀请函。

××大学决定于20××年12月5日8:00在省城民生宾馆举办民间文学理论报告会，想邀请××师范大学中文系全体教师参加此次报告会。

二、根据以下函的内容，请代××市财政局拟写一则同意拨款50万元给××市政府更换办公设备的复函。

××市政府办公室关于要求拨款更换办公设备的函

××市财政局：

我办公室现有的办公设备是二十世纪九十年代配套的，大部分已老化、过时，严重影响日常的办公效率和质量。为适应现代办公需要，提高办公质量和办公效率，我办公室拟对现有的10台电脑和打印机、速印机、复印机等办公设备进行更换，规划资金约50万元。由于我办公室系非营利性服务的全额拨款单位，无法自筹资金，请××市财政局拨款50万元，帮助我办公室更换办公设备。

××市政府办公室

20××年10月5日

第三章　便条契据类

第一节　留言条　请假条

一、留言条

(一)留言条的定义

人们在日常生活、学习、工作中,有事情要通知对方或有事情托付对方,而对方不在,自己却又没时间等候对方回来时,就需要写张字条留给对方,这种简便的字条就是留言条。

(二)留言条的格式与写法

留言条一般由标题、称呼、正文、结语、落款五部分组成。

1.标题

在第一行的正中间位置写"留言条"三个字。

2.称呼

在第二行顶格位置,写上对对方的称呼。

称呼根据双方熟悉程度或关系而有所不同。如双方关系亲密,可以只写称谓(如父、母、儿、女、兄、弟、妹等)或写简称(如老王、小刘、张经理等);如双方关系一般,则要写全称(如李新同志、王丹女士等)。称呼后面要加上冒号。

3. 正文

从第三行空两格处开始写正文。正文要写清楚要说的话、要办的事，让对方大致了解你的意图。文中涉及的时间、地点、人物要具体，以后联系的时间、地点、方法等要讲清楚。

4. 结语

在正文下一行空两格处写“此致”，在“此致”的下一行顶格写“敬礼”，以示礼貌。注意“此致”和“敬礼”的后面不加标点符号。如果是很熟的同学、朋友、同事，也可以写上其他的礼貌用语或者省略不写。

5. 落款

落款包含署名和日期。即在结尾的下一行右下方署上留言人的姓名，在姓名的下一行写留言的日期(年、月、日)，有时可根据需要写上“几时几分”。

二、请假条

(一)请假条的定义

请假条是个人因病或因事不能到校上课、不能上班或不能参加某项活动，向有关负责人请假的文书。请假条应该提前送达，如果时间紧急，也可事后补送，以完善手续。

(二)请假条的格式与写法

请假条一般由标题、称呼、正文、结语、落款五部分组成。

1. 标题

在第一行的正中间位置写“请假条”三个字。

2. 称呼

在第二行顶格位置，写清楚接受请假条的有关负责人的称呼。称呼的写法是在姓氏后面加上职务，如“王老师”“张经理”“李科长”等，并在称呼后面加冒号。

3. 正文

从第三行空两格处开始写正文。正文应简明扼要地写清楚请假的原因、请假的天数。如果请假天数在两天或两天以上，要写清楚起止时间，并且用括号括上，然后用“请予批准”“特此请假，恳望批准”等习惯用语结束正文。

4. 结语

在正文下一行空两格处写“此致”，在“此致”的下一行顶格写“敬礼”，以示礼貌。注意“此致”和“敬礼”的后面不加标点符号。

5. 落款

落款包括署名和日期。正确的写法是在结尾的下一行右下方署请假人的姓名，在姓名的下一行写请假的日期(年、月、日)。如果班级或部门很大，也可以在姓名后面写上请假人所在的班级或部门，以利于有关负责人了解情况。

(三)请假条写作的注意事项

请假的原因要写清楚，请假的天数要具体。

如果有医院证明，可在病假条落款日期下一行的左下方空两格处写上“附：医院证明单”或“附：××医院病假条”等字样。

各单位对请假都有具体的规定，不同的请假天数由不同的负责人审批，因此在写请假条之前，要弄清楚向谁请假。既不能越级请假，也不能向没有审批权的领导请假。

递交请假条是请假的正式手续。请假条应该提前送达，办完请假手续后才能离去。只有在特殊情况下，经有关负责人同意后才能事后补交假条。如需要续假，一般应在续假前另写一张请假条，说明续假的原因和天数，同样需要有关负责人审批后才能生效。

例文 1

留言条

张老师：

今天下午我和王丹同学来您办公室领作业本，您不在，我们明天上午 8:00 再来。

此致

敬礼

李　丽

20××年 3 月 18 日

例文分析

这张留言条把留言人要办的事写得清楚明白，格式正确。

例文 2

留言条

李丽同志：

今天 8:00 我来市场部找您研究如何落实双十一商场促销的方案，您不在，下午 15:00 我再来，请您在办公室等我。

此致

敬礼

王平

20××年×月×日

例文分析

这张留言条写明了向何人、因何事留言的意图和要求，写得清楚明了，格式正确。

例文3

请假条

刘老师：

我今天头痛，还有些发烧，经医生诊断为上呼吸道感染，需要休息三天（5月5日—5月7日），不能到校上课，特此请假，恳望批准。

此致

敬礼

李 萍

20××年5月5日

附：医院证明单一张

例文分析

这是一张病假条，文中写明了向何人请假、请假的原因、请假的具体天数，并附有医院证明。内容简明扼要，格式准确。

例文 4

请假条

王经理：

我今天家中母亲生病需要照看，不能去上班，特此请假一天，恳望批准！

此致

敬礼

请假人　李霞

20××年×月×日

例文分析

这张请假条写明了向何人、因何事请假几天，行文简明扼要，符合请假条的写作要求。

写作训练

一、今天早上 9 点，你到钱经理办公室汇报近期的工作情况，适逢钱经理正在开早会，你不便打扰。你决定下午 3 点再来找他。请你根据这些情况写一张留言条。

二、3 月 10 日上午李明去找王建，他想 3 月 11 日和王建一起去图书馆看书，可是王建不在宿舍。他写了张留言条，让王建 3 月 11 日上午 8 点在宿舍等他一起去。请你为李明代写这张留言条。

三、李明因患急性肠炎，医生建议他住院一周进行治疗。请你为李明向班主任王老师代写这张请假条。

第二节　借据　欠条

在日常生活中，涉及钱、物往来时可以写作为凭证的字条，常用的有借据（借条）、欠条、收条、领条等，这几种字条的写法基本类似。此处仅介绍借据与欠条。

一、借据

（一）借据的定义

借据也叫借条，是指向某单位或某个人借钱、物时，写给对方作为凭证的字条。

（二）借据的格式与写法

借据一般由标题、正文、落款三部分组成。

1. 标题

在第一行的正中间位置写“借据”或“借条”两个字。

2. 正文

在第二行空两格处以“今借到”起头，紧接着写明接受借据（借条）的单位的名称或个人的姓名、钱的数额或物品的名称和数量、钱或物的用途，然后写明归还日期。

如有利息约定，应写明，否则视为无利息；如有违约金约定，应写明；如有担保人，应写明担保方式、担保人姓名和担保人身份证号码，并让担保人签字及按手印。

3. 落款

在正文的下一行右下方署上经手人的单位及姓名，在姓名的下一行写清楚日期（年、月、日）。如果是单位出具的借条，应加盖单位公章。个人写的借条，可以盖私章，也可以签名加按手印，写明借款人的身份证号码。

此外，借据还有另一种写法，即省略标题，直接在第一行中间位置写“今借到”三个字，然后另起一行空两格写内容，最后落款。

(三)借据写作的注意事项

借据上的字迹必须清楚,不能用铅笔、红笔、圆珠笔书写,一般要用钢笔、毛笔书写,写后不得涂改。如需改动,应在改动处加盖公章或私章(有时要双方盖章),以免引起误会。

借据中表示金额的数字要用大写(如壹、贰、叁、肆、伍、陆、柒、捌、玖、拾、佰、仟、万、亿),数字前不留空白,以防涂改;在钱的数额前,必须写上“人民币”字样,以防与其他币种混淆;物的数目末尾要写上相应的数量单位,如“元”“台”“斤”等,在数量单位后再写上“整”字,后面或另起一行写“此据”二字,以防添加或篡改。

二、欠条

(一)欠条的定义

欠条是指借钱或物品,到期不能全部归还,应收回原借条,另写一张字条,约定在一定期限内归还剩余部分,这样的字条叫欠条。

(二)欠条的格式与写法

欠条的写法与借据类似。一般由标题、正文、落款三部分组成。

1. 标题

在第一行的正中间位置写上“欠条”两个字。

2. 正文

在第二行空两格处以“今欠”起头,紧接着写上对方名称、钱的数额或物品的名称和数量。有时视情况还要写上双方商定的归还期限。

3. 落款

在正文的下一行右下方署上经手人的单位、姓名、身份证号码,并在署名的下一行写上日期。

此外,欠条还有另一种写法,即省略标题,直接在第一行中间位置写“今欠”或“暂欠”两个字,然后另起一行空两格写内容,最后落款。

例文 1

借　据

今借到学校财务科人民币贰仟元整，用于购买教学参考书。三日内凭发票结算。

借款人　王　明

20××年 3 月 9 日

例文分析

这张借据的正文写清楚了向谁借、借什么、借多少、用途以及归还时间，落款写明了借款人姓名及日期，格式符合写作要求。

例文 2

借　据

今借到公司财务室人民币叁仟元整，用于去三亚出差的差旅费，回来后七天内结算报销。

借款人　王宇

20××年×月×日

例文分析

这张借据正文首先写明了向谁借、借什么、借钱金额、借钱用途以及归还时间，最后落款写明了借款人姓名及借款时间，格式正确。

例文3

欠　条

今欠学校后勤服务公司一个月的水电费，共计人民币贰佰柒拾元整，定于今年三月十日前全部付清。

经手人：王　平

20××年3月2日

例文分析

这张欠条的正文写清了欠谁的、所欠钱物的数量、归还的日期，落款写明了经手人的姓名及日期。

例文 4

欠　条

今欠和美超市饮料费人民币壹佰元整，定于十二月一日前还清。

经手人　李雪

20××年×月×日

例文分析

这张欠条正文写明了欠谁的、欠什么、欠钱金额，落款写明经手人姓名及归还日期，符合欠条的写作要求。

写作训练

一、今天早上，班主任派陈丽到学校图书馆为班级借三本《弟子规》，用于班级的晨读训练，定于下星期一归还。请你为陈丽代写这张借据（借条）。

二、王梅因公事要到北京出差，需要向公司财务部借三千元经费，回来后五天内结算报销。请你为王梅代写这张借据（借条）。

三、3 月 3 日王平借给李明 20000 元，4 月 3 日李明还给王平 5000 元，尚有 15000 元未还清，李明承诺在一个月内全部归还尚未还清的欠款。请你为李明代写这张欠条。

第三节　收条　领条

一、收条

（一）收条的定义

收条又叫收据，是单位或个人收到对方钱、物时，写给对方作为凭证的字条。收条也是日常生活中常见的一种应用文体。

（二）收条的格式与写法

收条的格式与借条基本相同，由标题、正文、落款三部分组成。

1. 标题

在第一行的正中间位置写上“收条”两个字。

2. 正文

在第二行空两格处以“今收到”开头，紧接着逐项写明自己收到了什么东西，数量是多少。

3. 落款

在正文的下一行右下方署上经手人的单位、姓名、身份证号码，在署名的下一行写上日期。

另外，收条还有一种写法，即省略标题，直接在第一行中间位置写“今收到”三个字，然后另起一行空两格写内容，最后落款。

（三）收条写作的注意事项

值得注意的是，收条中还有一种特殊收条，叫代收条。当对方送来钱、物而主管人不在时，由某人代收下，在这种情况下，需要给对方写一张代收条作为收到钱、物的凭证。代收条的写法与收条的写法基本一致，只是要以“代收到”开头，接着才写代收钱、物的情况。

二、领条

(一)领条的定义

领条是领到单位或个人的钱、物时,写给对方作为凭证的字条。

(二)领条的格式与写法

领条的格式与借条基本相同,由标题、正文、落款三部分组成。

1.标题

在第一行的正中间位置写上“领条”两个字。

2.正文

从第二行空两格处以“今领到”开头,紧接着逐项写明自己领到了什么东西,数量是多少。如是贵重物品应写明用途。

3.落款

在正文的下一行右下方署上经手人的单位、姓名、身份证号,在署名的下一行写日期。

另外,领条还有一种写法,即省略标题,直接在第一行正中位置写“今领到”三个字,然后再另起一行空两格写内容,最后落款。

例文1

收　条

今收到海口明珠广场玉兰油化妆品专柜王梅经理送来的水嫩润白洗面奶,共二十套。

李　丽

20××年4月8日

例文分析

这张收条的正文写明了收到何人交来的何物及其数量，落款写明了经手人的姓名及收到的日期。

例文2

收 条

今收到和美超市送来的椰树牌矿泉水两箱。

经手人 陈新

20××年×月×日

例文分析

这张收条先写明标题，接着正文写明收到何人的什么物品，落款写明经手人姓名及日期，符合收条的写作要求。

例文3

领 条

今领到后勤服务公司发的扫把六把、水桶一个、抹布三块。

李 丽

20××年4月6日

例文分析

这张领条的正文写明了从什么部门领到什么物品及其数量，落款写明了经手人的姓名及日期。

例文 4

领　条

今领到学校教材室新发的《应用文写作教程》二十本、作业本四十本。

经手人　李艳

20××年×月×日

例文分析

这张领条正文写明从何处领取、领取什么物品以及物品的数量，最后落款写明经手人姓名及日期，符合领条的写作要求。

写作训练

一、计算机(1)班班长李明收到教材室李晓老师送来的《计算机基础教程》30 本。请你为班长代写一张收条。

二、烹饪教学部的李建老师请烹饪(1)班的王平同学帮忙代收海口东湖酒店李明主管送来的 5 套蒸锅。请你代王平写一张代收条。

三、陈红代表班级到教学部领30本《基础会计》练习册、35支红笔、8个文件夹。请你为陈红代写一张领条。

第四章　社交礼仪类

第一节　欢迎词

一、欢迎词的定义

欢迎词是指客人光临时，主人为表示热烈欢迎，在座谈会、宴会、酒会等场合发表的热情友好的讲话。

二、欢迎词的特点

(一)欢愉性

应当以一种愉快的心情致欢迎词，用语务必富有激情，表现出致词人的真诚，只有这样才能给客人一种“宾至如归”的感觉。

(二)口语化

欢迎词本意是现场当面向宾客口头表示欢迎，所以口语化是欢迎词文字上的必然要求。要运用生活化的语言，既简洁又富有生活情趣。

三、欢迎词的种类

(一)按表达方式分

1. 现场讲演欢迎词

一般由欢迎人在被欢迎人到达时在欢迎现场口头发表欢迎词。

2. 报刊发表欢迎词

这是发表在报刊或其他公开发行刊物上的欢迎稿,一般在客人到达前后发表。

(二)按社交的公关性质分

1. 私人交往欢迎词

私人交往欢迎词一般是在个人举行较大型的宴会、聚会、茶会、舞会、讨论会等非官方的场合下使用的欢迎词,通常要在正式活动开始前进行。私人交往欢迎词往往具有很大的即时性、现场性。

2. 公事往来欢迎词

公事往来欢迎词一般在较庄重的公共事务中使用,文字、措辞上的要求比私人交往欢迎词要正式和严格。

四、欢迎词的格式与写法

欢迎词一般由标题、称呼、正文和落款四部分组成。

(一)标题

欢迎词的标题有两种写法:一是单独以文种命名,如《欢迎词》;二是“活动内容+文种”,如《在××学术讨论会上的欢迎词》。

(二)称呼

称呼写在开头顶格处,如“尊敬的女士们、先生们”。

(三)正文

欢迎词的正文一般由开头、中段、结语三部分组成。

1. 开头

开头通常应说明现场举行的是何种仪式,发言者代表什么人,向哪些来宾表示欢迎。

2. 中段

这一部分一般要阐述和回顾宾主双方在共同的领域共同的立场、观点、目标、原则等内容,较具体地介绍来宾在各方面的成就及在某些方面做出的突出贡献,同时要指出来宾本次到访或光临对增进宾主友谊及合作交流所具有的现实意义和历史意义。

3. 结语

通常在结语处再次向来宾表示欢迎,并表达自己对今后合作的良好祝愿。

(四)落款

欢迎词的落款要署上致辞单位名称、致辞者的姓名,并写上成文日期,如为口头致辞,则可省略。

五、欢迎词写作的注意事项

欢迎词是出于礼仪的需要而使用的,因此要十分注意礼貌用语。具体而言,要注意以下几点。

(一)称呼要用尊称,感情要真挚,要能较得体地表达自己的原则立场;

(二)措辞要慎重,勿信口开河,同时要注意尊重对方的风俗习惯,应避开对方的忌讳,以免发生误会;

(三)语言要精确、热情、友好、温和、礼貌;

(四)篇幅短小,言简意赅,一般欢迎词都是一种礼节性的外交或公关辞令,宜短小精悍不必长篇大论;

(五)一般情况下,媒体发表欢迎词时,署名和日期不能省略,但现场致辞时,可视情况将其省略。

例文 1

欢迎词

女士们、先生们：

值此××厂30周年厂庆之际，请允许我代表××厂，向远道而来的贵宾们表示热烈的欢迎。

朋友们不顾路途遥远专程前来贺喜并洽谈贸易合作事宜，为我厂30周年庆增添了一份热烈和祥和，我由衷地感到高兴，并对朋友们为增进双方友好关系做出努力的行动，表示诚挚的谢意！

今天在座的各位来宾中，有许多是我们的老朋友，我们之间有着良好的合作关系。我厂建厂30年能取得今天的成绩，离不开老朋友们的真诚合作和大力支持，对此，我们表示由衷的钦佩和感谢。同时，我们也为能有幸结识来自全国各地的新朋友感到十分高兴。在此，我再次向新朋友们表示热烈欢迎，并希望能与新朋友们密切协作，发展相互间的友好合作关系。

在此新朋老友相会之际，我提议：为今后我们之间的进一步合作，为我们之间日益增进的友谊，为朋友们的健康幸福，干杯！

例文分析

本例文首先交代致辞的背景，即什么活动开幕了，然后用热情的话语对来宾表示欢迎，也向来宾或者有关方面表示感谢。其次，阐释意义。为什么要举办该活动，目的何在，意义何在，这是节庆活动欢迎词中一般应当予以交代清楚的部分。再次，说明目的。这是节庆活动欢迎词正文的重心所在。最后，表达祝愿。这是节庆活动欢迎词正文的结尾部分。

例文 2

欢迎词

各位领导，新同事们、朋友们：

你们好！

今天我们在这里召开一个特别的会议，热烈欢迎各位新同事加盟我们平原××器材这个大家庭，你们将和我们一道携手并肩，同心同德共创我们平原××器材美好的明天。在此，我代表公司领导及全体员工对你们的加盟表示热烈的欢迎！感谢你们对我们公司的支持和信任！

同志们，你们当中有些是刚刚从学校毕业的学生，初入社会，经过慎重的选择，把人生的第一份工作和青春梦想交给了我们企业；有的是在外地打拼多年，为了有一个更稳定的工作和生活环境，为了更好的照顾家庭和回报家乡，选择我们企业作为自己人生的新航标，开启自己人生的新航程；有的是经过亲朋好友的推荐以及自己的认真对比，最终选择了献身我们这个企业大熔炉的有志之士。

同志们，平原××器材创建于 1989 年，到现在已经有 33 年的历程。我们公司有着悠久而灿烂的历史背景，有着深厚的企业文化底蕴，有着特有的企业优良传统，有着中国大多数民营企业的共性，同时也在建立着自己的企业特色。

最后，我想提一点个人看法，您若想提高效益、待遇，只有把精力集中在一个有限的工作面上，才能熟能生巧，取得成功。现代社会，科学迅猛发展，真正精通某一项技术就已经很难了，您什么都想会、什么都想做，往往意味着什么都不精通，因此，您要十分认真地对待现在手中的任何一件工作，努力钻研。

例文分析

本文首先表达了对新员工的欢迎；接下来简单介绍了公司的情况，尤其是企业文化，并由此引出对新员工的期望。最后，对他们未来的工作提出了一些中肯的建议。

写作训练

一、校团委将在5月份举行团代会，届时将有兄弟学校代表前来参加，请你为校团委书记代写这份欢迎词。

二、王××同学毕业后，应聘到张家界××旅行社做了一名导游。今天，她代表旅行社前往机场接待一组来自北京的旅行团，请你代她拟写一份欢迎词。

第二节　感谢信

一、感谢信的定义

感谢信是重要的礼仪文书，是向帮助、关心和支持过自己的集体（党政机关、企事业单位、社会团体等）或个人表示感谢的专业书信，有感谢和表扬双重意思。

二、感谢信的特点

（一）公开感谢和表扬

感谢信除了具有感谢的意思之外，还有表扬的功能。感谢信除了送给对方或对方所在单位之外，也可以寄到报社、电台、电视台发表、播报。

（二）感情真挚

感谢，顾名思义就是有感而发，对对方的帮助、关心发自内心地感谢，所以感谢信要写得真挚、诚恳，不能矫揉造作。

（三）礼节性

感谢信是一种礼仪文书，一方受惠于另一方应及时地向对方表达谢意，并以此为契机加强与对方的友好合作关系。

三、感谢信的种类

依据不同的标准，感谢信有不同的种类。

(一)按感谢对象的特点分

1. 写给集体的感谢信

个人处于困境时，得到了集体的帮助，并在集体的关心和支持下，最终克服了困难，渡过了难关，摆脱了困境，所以要用感谢信的方式表达自己对集体的感激之情。

2. 写给个人的感谢信

这类感谢信是个人或者集体为了感谢某个人曾经给予的帮助或照顾而写的。

(二)按感谢信的存在形式分

1. 公开张贴的感谢信

这种感谢信有两种公开的方式：一种是以报社刊登、电台广播或电视台播报的形式公开，一种是以在单位或者公开场合张贴的形式公开。

2. 寄给集体或个人的感谢信

这种感谢信直接寄给集体或个人。

四、感谢信的格式与写法

感谢信一般由标题、称呼、正文、结语、落款五部分组成。

(一)标题

感谢信的标题有三种写法：一是单独由文种组成，如《感谢信》；二是由感谢对象和文种组成，如《致××的感谢信》；三是由感谢双方和文种组成，如《××致××的感谢信》。

(二)称呼

顶格写被感谢者单位名称或姓名，姓名后面可以加适当的称呼，如“同志”“师傅”“先生”等，称呼后用冒号。

(三)正文

正文部分主要表达两层意思,一是感谢对方的理由,即为什么感谢;二是直接表达感谢之意。

1. 感谢理由

首先准确、具体、生动地叙述对方的帮助,交代清楚人物、时间、地点、事迹、过程、结果等基本情况;然后在叙事基础上对对方的帮助做恰贴、诚恳的评价,肯定对方的行为。在叙述和评价的字里行间要自然地流露感激之情。

2. 表达谢意

在叙事和评论的基础上直接对对方表达感谢之意,根据情况也可在表达谢意之后表达以实际行动向对方学习的态度。

(四)结语

感谢信的结语一般写上表达敬意、感谢的话语,如“此致”“敬礼”“再次表示诚挚的感谢”等惯用结束语。

(五)落款

右下角落款署上发文单位或个人的姓名,并写上成文日期。

五、感谢信写作的注意事项

(一)叙述对方对自己或本单位的帮助,一定要把人物、时间、地点、原因、结果以及事情经过叙述清楚,便于组织了解和群众学习。

(二)信中要洋溢感激之情。在叙述事实的过程中,除了要表达谢意外,行文终饱含真挚的感情,使所有看到信的人都受其感染。

(三)表示谢意的话要得体,既要符合被感谢者的身份,也要符合感谢者的身份。

(四)感谢信以说明事实为主,切忌不着边际地大发议论。文字朴实精练,篇幅短小。

例文 1

感谢信

××外交学院：

中非合作论坛北京峰会是2006年外交工作中的大事，也是中华人民共和国成立以来规模最大的一次外事活动。在党中央的统一部署和正确领导下，经过各方的通力合作和细致工作，峰会取得了圆满成功，为中非长期稳定的战略伙伴关系奠定了坚实的基础，开创了中非友好关系发展的新局面。

贵校在教学任务繁重的情况下，应我部要求，推荐了36名学生参与峰会接待工作。在一个多月的时间里，36名学生认真负责、不辞劳苦、工作得力、表现突出，圆满地完成了任务并得到各方好评。

谨对贵校给予我部及北京峰会的大力协助表示衷心感谢，并对36名学生的辛勤工作提出表扬。

此致

外交部干部司

20××年11月10日

例文分析

这封感谢信的正文部分叙述对方对自己单位的帮助、原因、结果以及事情经过，条理清楚。行文始终饱含着真挚、热烈的感情，使看到信的人都受到感染。

例文 2

感谢信

华为技术有限公司：

5月21日，广州发现本轮疫情首例本土新冠肺炎确诊病例，全省疫情防控警报再次拉响。为尽快切断传播链条，加大核酸检测筛查力度刻不容缓。作为呼吸系统疾病与防控领域的重要战略科技力量，广州实验室责无旁贷，迅速联合国家呼吸医学中心、金域医学等单位，共建6组“猎鹰号”气膜实验室，为承接大规模核酸检测任务提供强有力的保障。截至目前，“猎鹰号”气膜实验室已累计开展核酸检测1213.7万人份。

一方有难，八方支援。在战“疫”关键时刻，贵单位积极响应号召，主动发挥优势，在实验室信息系统超高性能存储设备提供和使用方面为“猎鹰号”气膜实验室的建设与运营提供了极大的支持和便利，以实际行动生动诠释了团结一心、无私奉献的高尚情怀。在此，我谨代表广州实验室，向踊跃提供支持援助的相关单位以及积极参与抗疫斗争的工作人员致以最崇高的敬意和最衷心的感谢！

上下同欲者胜，风雨同舟者兴。当前，全国、全球疫情防控形势依然严峻复杂，夺取抗疫斗争的全面胜利还需持续努力。希望贵单位继续支持我单位工作，让我们一起，为助力打赢疫情防控攻坚战继续努力！

广州实验室主任：钟南山

（生物岛实验室代章）

2021年6月23日

例文分析

例文首先说明了写作感谢信的背景，尤其对华为在实验室信息系统超高性能存储设备提供和使用方面为“猎鹰号”气模实验室的建设与运营提供支持和便利表示感谢；其次，钟南山院士对华为这一有情怀、有社会责任感的行为做了高度评价；最后，钟院士还对华为的义举提出了殷切希望。

感谢信脉络清晰：感谢缘由——行为价值——提出希望。全文既有被援助后的衷心谢意，又有作为一名抗疫老专家对全民抗疫的期待；既有温度，又有高度；既符合应用文文体条条框框的流程，又有挣脱流程的深厚情感。

写作训练

一、多年来，海南××学校与毗邻的陆军某部队建立了友好的军民共建关系。日前，为解决学校承办全省物流类技能大赛赛场拥挤等问题，部队领导无偿将一块闲置场地腾出供海南××学校作比赛作业场地，为学校解了燃眉之急。请你为海南××学校给部队代写这封感谢信。

二、第××届教师节到来之际，请以校学生会的名义给该校全体老师写一封感谢信。

第三节　请　柬

一、请柬的定义

请柬是邀请某单位或个人前来参加会议或出席某项有意义的活动而发出的一种礼仪文书。

二、请柬的特点

(一)告知性

发请柬的主要目的是告知被邀请者有关情况，因此，请柬中一定要准确写明相关活动的时间、地点、内容和要求等，不能出错和遗漏。

(二)郑重性

发请柬能表明对被邀请者的尊敬，也能表明邀请者的郑重态度。凡属比较隆重的喜庆活动，邀请客人均以请柬为准。

(三)艺术性

请柬除了具有一般应用文的实用价值之外，也具有特殊的艺术价值。请柬是邀请客人用的，所以在装帧、款式设计上要讲究艺术性。

(四)及时性

请柬的发送时间要讲究，如果过早发送，被邀请者容易遗忘，如果过迟发送，被邀请者可能来不及准备。

三、请柬的种类

(一)按请柬的形式分

1. 卡片式请柬

卡片式请柬是用一张硬卡片，正面印上卡片名称和精美图案，背面空白，用于书写邀请事项。卡片式请柬比较简朴，常用于一般的交际关系。

2. 折叠式请柬

折叠式请柬是将卡片折叠起来，分为内外两部分。卡片外面是请柬的名称及精美图案，里面空白，用于书写邀请事项。

3. 电子请柬

电子请柬是通过电子邮件、微信等各种现代信息技术手段，借助网络平台传递邀请事项的一种新兴邀请方式。电子邮件的优点是方便快捷，形式丰富；缺点是没有传统的纸质请柬让人感觉郑重。

(二)按请柬的书写形式分

1. 竖式请柬

竖式请柬采用从右向左纵向书写的方式，是传统的请柬形式。

2. 横式请柬

横式请柬采用从左到右横向书写的方式。

四、请柬的格式与写法

不论哪种样式的请柬，都由标题、称呼、正文、落款四部分组成。

(一)标题

请柬的款式和装帧都十分讲究，一般是用厚纸对折起来的款式，外面是封面和封底，里面是请柬内容。标题“请柬”二字一般写在封面正中间。

(二)称呼

顶格写被邀请单位名称或个人姓名，其后加冒号。个人姓名后可注明性别、职务或职称，如“××先生”“××女士”“××经理”“××校长”等。

(三)正文

正文在称呼下面一行空两格写起。正文部分写明活动的时间、地点、内容及其他应知事项。最后以“敬请光临”“届时恭请光临”“此致”“敬礼”等惯用语结尾。

(四)落款

落款要署上邀请者(单位或个人)的名称，要署全称，下一行写发柬日期。

五、请柬写作的注意事项

(一)用语要准

用语要准确，语句要通顺，不要堆砌辞藻或套用公式化的语言。

(二)表意要雅

请柬写作要讲究文字美。请柬是礼仪交往的媒介,乏味的或浮华的语言会使人感到不舒服。

(三)效果要佳

整体上来说,要根据具体的场合、内容、对象、时间认真地措辞,力求做到简洁明确、庄重文雅、大方热情。

例文 1

宴会请柬

××先生:

谨定于20××年×月×日下午×时在布里奇期酒家举行宴会,欢迎××能源研究所高级工程师××先生。

敬请光临

迪肯林先生和夫人

20××年×月×日

例文分析

这份请柬的正文部分交代了宴会的时间、地点及内容,结束语“敬请光临”饱含真挚的情感。

例文 2

请柬

×××公司：

20××年10月20日，我公司将在西宁举办一场大规模的中国西北家用电器展销会。此次展销会可提供良好的展示展销平台，对贵公司产品的推广和销售产生较大的促进作用。在此，我们真诚地邀请贵公司参加此次会议。

如贵公司能如约参加本次会议，请于20××年10月1日前与我们取得联系，以便我们能提前安排食宿和展位。

活动举办方：×××中心有限公司

时间(Time)：20XX年10月20日

地点(Location)：××市广阳区×号展销中心

联系人(Contact Person)：王××

联系电话(Telephone)：××××××××

传真(Fax)：××××××××

×××公司市场部

20××年×月×日

例文分析

该请柬首先阐述了本次展销会对各受邀单位可能产生的经济效益，使受邀单位产生浓厚的兴趣，双方有继续合作的可能，然后提供了多种联系方式。

写作训练

一、李明的弟弟李小明考上了北京大学，李父决定于8月20日晚7点在龙泉大酒店如意厅举行宴会，答谢各位亲友多年来对李家的关心。请代李明给亲友们写这份请柬。

二、××学院学生会拟于6月8日(周三)下午16:30在逸夫楼一层新报告厅举办“端午日”传统文化展演活动，各系也将在活动中演绎端午文化，展现风采。请你代表××学院学生会拟写一份请柬，邀请本学院院长李书华老师作为活动嘉宾。

第五章 海报启事类

第一节 海 报

一、海报的定义

海报是用来预报有关文化、体育或商务等方面的较大型活动，以期引导和鼓励公众积极参与的具有宣传广告性质的招贴。旧时，海报是用于戏剧、电影等演出或球赛等活动的招贴。

二、海报的特点

（一）告知性

海报希望得到社会各界的关注，它是广告的一种。海报可以在媒体上刊登、播放，但大部分是张贴在人们易于看见的地方，其告知性色彩浓厚。

（二）鼓动性

海报不具有强制性，它不能强制公众关注某件事情或参与某项活动，但是它却极力吸引公众关注，诱导公众参与。在语言风格上，追求艺术性，尽最大努力切中公众的心理欲求，鼓动公众积极参与。

(三)视觉化

无论是手写式海报还是印刷式海报，都应注重对公众视觉的冲击力：讲求形式上参差错落；内容上丰富多彩；字体上注重艺术化处理，图文并茂；整体布局上新颖别致、生动活泼。

三、海报的格式与写法

海报虽然形式多种多样，但一般由标题、正文和落款三部分组成。

(一)标题

海报的标题通常有两种写法：一是直接由文种名组成，如《海报》；二是由活动内容组成，如《影讯》《画展》等。

(二)正文

一般采用分项列举式的写法，首先介绍活动的目的和意义，然后逐项列出活动的时间、地点、内容、参与方式和注意事项等。为增强观众的吸引力，在介绍内容时，语言可有一定的形象性和鼓动性，书写活泼，可配有象征性图案，以扩大宣传效果。

(三)落款

落款一般写在正文的右下方，署上主办单位的名称及海报发文日期。

四、海报的写作要求

(一)内容必须真实，文题相符，可以适当运用一些鼓动性词语，但不可失实；

(二)文字力求简明扼要，条目清楚明了；

(三)可以根据内容配上美术图案，色彩和构图要醒目，具有时代气息和装饰美。

五、海报设计的注意事项

(一)版面美观

版面是整个海报的形象体现,如果版面设计得杂乱无章,就不会引起人们的观赏兴趣。同样,如果一张海报版面毫无特色,也不会激发人们的阅读兴趣。

(二)模块式编排

美国密苏里新闻学院莫恩教授对模块式编排做了这样的解释:模块就是一个方块,最好是一个长方块,它既可以是一篇文章,也可以是包括正文、附件和图片在内的一组辟栏,字体设计的版面都由一个个模块组成。这种设计最大的好处是方便读者阅读。

例文

招新啦

激情青春　　为梦想加油

纳新部门:宣传部　外联部

报名时间:9月15日—9月30日

报名地点:校本部1号教学楼103室

快快加入我们吧!团队有你才完整!

校学生会

20××年9月10日

例文分析

这是一份海报，以活动内容为题。正文写明招新部门、报名时间和地点，语言富有鼓动性、号召性。文字布局设计为塔形。

例文 2

例文分析

这是一篇公益宣传海报，主旨是宣传 3 月 12 日植树节，树木是绿色的，因此整张海报以绿色为主色调。整张海报以图文结合的形式吸引观众眼球，向观众展示出共建绿色美好家园的强烈愿望。

写作训练

一、结合当前校内所举办的某次活动设计一份海报。

二、为你所喜欢的一部电影设计一份海报。

第二节 启 事

一、启事的定义

启事是指机关、团体、企事业单位或个人向公众告知某一信息并希望公众支持和协助办理的一种公布性文书。

经常登载于报刊，或在公共场所张贴，或在电视台、电台播放。通常是一事一启，但由于当前启事的大量运用，也出现了一启两事或相关多事的用法。

由于其篇幅短小精悍，运用方便灵活多样，随着社会经济的发展，其使用频率越来越高，已成为经济生活不可或缺的常用文书。

二、启事的特点

(一)公开性

启事是面向公众发布，公开陈述事实并希望得到回应的一种文体。

(二)广泛性

无论单位还是个人，在日常生活中认为需要公开申明的事情大都可以使用启事来发布。

(三)简明性

启事应一事一文,简洁明了,一则方便公众读懂,二则节约发布成本。

三、启事的种类

启事的适用范围很广,涉及到社会生活的许多方面,因而形成了多种多样的类别。启事按发文名义可分为单位启事、个人启事和联合启事;按其目的的不同,可分为征召类、寻找类、告知类;按其缓急程度可分为常规启事和紧急启事;按内容可分为一般启事和寻物、寻人、征婚、征文、征订、征集图案设计、招工、招生、招聘、更名、更正、迁址、开业、挂失、招领、认领等专项启事。

四、启事的格式与写法

启事一般由标题、正文、落款三部分组成。

(一)标题

启事的标题有四种写法:一是由文种组成,如《启事》;二是由告示事由组成,如《失物招领》《诚聘》;三是由告启事由和文种名称组成,如《征文启事》;四是由告启者名称、告启事由和文种组成,如《某某事务所迁址启事》。

(二)正文

正文部分为启事的具体内容,应说明启事的目的、意义、原因、内容、要求、联系方式等。要根据启事的不同类型决定内容的侧重和详略。

寻物启事的正文一般由以下几项内容构成:

1.写明丢失物品的名称、外观、规格、数量、品牌等,同时要写明丢失的原因、时间和具体地点;

2.交代清楚拾物者送还的具体方式,或注明发文者的详细地址、联络方式等;

3.寻物启事是求人协助寻找遗失物品,故文中除了写些表达谢意的话外,还可以写明给以拾到者必要的酬金之类的话语。

寻人启事要写明被寻找者的姓名、性别、年龄、相貌特征及失踪时间、地点和原因等，并留下寻找者的联系方式，最好能附上被寻找者的照片。

告知类启事包含开业、停业、遗失作废、更正、迁址等启事。迁址启事要写明迁址目的、迁址日期、迁往地址、电话号码等。

（三）落款

一般在正文的右下方写明撰写启事的单位名称或个人姓名，在署名的下方写上发布启事的日期。

五、启事的用语要求

（一）寻物启事，要简明、准确地介绍丢失物品的时间、地点、名称、数量、特征等内容；寻人启事，要交代走失的原因、时间地点及体貌特征、服饰特点等。这类启事，通常要在结语部分表示对对方诚挚的谢意。

（二）开业启事、单位成立启事或庆典启事的目的是吸引公众，争取社会各界的支持。一是要突出自己的实力和业务、经营特点及有利条件；二是写清活动内容、参加人员；三是交代报到时间、地点及自行乘车的交通路线等事项。结语部分常用“敬请光临”“恭候光临”等。

（三）招聘启事，要有实事求是的态度，特别是介绍本单位情况和应聘待遇等事项，不要言过其实。

无论何种类型的启事，都要注意向受文者交代清楚联系地址、方式、联系人及电话号码等内容。

六、启事写作的注意事项

要正确标示文种名称，不能写成“启示”，更不能用“公告”“通告”“公示”等文种名称代替。

要准确陈述启事事项，内容必须真实具体、简明扼要、通俗易懂、诚挚恳切，不要使用命令式或带有刺激性的语言。

例文 1

寻物启事

本人不慎于 4 月 20 日 18:00 左右在市图书馆二楼借阅室遗失八成新黑色 iPhone 6S 手机一部，有拾到者请与失主联系，失主必有酬谢。

联系方式：130123×××××

××先生

20××年 4 月 21 日

例文分析

这是一则寻物启事，文中写明了物品丢失的地点、时间，对丢失物品进行了相关描述，附上了失主联系方式。内容简明扼要，态度诚挚恳切。

例文 2

××中心迁址启事

海口××中心，定于本月 19 日迁址至××路××号，敬请各界人士留意。

联系电话：130××××××××

××中心(章)

20××年××月××日

例文分析

这是一则告知类启事，标题由事由和文种名称组成。正文写明了迁址日期、迁往地址和联系电话。落款为单位时要加盖公章。整则启事内容简洁明了，格式准确无误。

例文3

××市××区农业农村局招聘启事

因工作需要，××区农业农村局现面向社会公开招聘编外工作人员2名(工程运行管理岗1名、综合岗1名)，现将有关事项公告如下。

一、招聘条件

1.遵守中华人民共和国宪法、法律、法规，具有良好的品行，有较强的事业心、责任感和纪律性，无违法记录；

2.身体健康，年龄40周岁以下，工程运行管理岗仅限男性，综合岗男女不限；

3.熟练掌握office及其他办公软件操作，有一定的文字编写功底和沟通表达能力，工作认真负责，吃苦耐劳，服从上级工作安排，有良好的团队合作精神；

4.大学专科及以上学历，工程运行管理岗限水利工程、土木工程等相关专业(在行政单位任职过的运行管理人员优先)，综合岗专业不限(有机关文字编写经验者优先)。

二、招聘流程

笔试＋面试

三、报名时间、地点及方式

1.报名时间：即日起至9月6日(工作日，上午8:30—11:30，下午2:30—6:00)；

2.报名地点：××区××路××大厦1幢101室；

3.报名方式：符合报名条件的人员携带报名表(附件)、身份证、学历证书原件及相关工作经历证明到报名地点报名，或将报名表(附件)、身份证、学历证书原件及相关工作经历证明扫描发送至邮箱××××××××××××。

4. 咨询电话：139××××××××

××区农业农村局
20××年×月×日

附件：招聘人员报名表

例文分析

这是一篇招聘启事，全文包括标题、正文、落款三部分，以条款式的写作交代清楚不同事项。正文部分首先讲明招聘数量及招聘岗位，具体的招聘信息按照招聘条件、招聘方式及招聘时间分项罗列。每项根据内容又细分数条具体要求，从而完整表达出招聘岗位的需求，传递招聘信息。整篇招聘启事内容简短而具体。

写作训练

一、以本人实际情况为背景资料，为自己写一则征友启事。

二、张三同学在校园操场捡到一串钥匙，请为张三同学代写一则招领启事。

第六章　书信类

第一节　一般书信

一、一般书信的定义

书信是一种向特定对象传递信息、交流思想、表达情感时使用的一种应用文书。

书信一般由信文和封文构成。信文就是写在信笺上的文字，信文也称笺文，是书信的主体，决定着书信的风格；封文就是写在信封上的文字，封文表明邮递的发信地址和收信地址等。

二、一般书信的特点

（一）特定的读者

一般书信的读者对象是特定的某个人，收信的人可以是上级、下级、长辈、晚辈等。

（二）内心情感的真实流露

书信是与特定读者交流思想感情的工具，它借用书面文字可以毫无保留地吐露作者内心深处的思想情感。

(三)写法灵活自由

书信的读者对象各异,应用范围极其广泛,它的写作手法也相对自由,可以用叙述、议论、抒情、描写等表达方式。

三、一般书信的格式与写法

书信一般由称呼、问候语、正文、结语、落款五部分组成。

(一)称呼

在首行顶格的位置写称呼,后加冒号。为了表示尊敬、亲切,可在称谓前加上"尊敬的"或"亲爱的"等词语,这由写信人与收信人关系的亲疏远近而定。

(二)问候语

第二行开头空两格写问候语。对长者多问候身体,对中年人多问候事业和家庭,对青年人多问候爱情和学业。

(三)正文

正文通常以问候语开头。问候是一种文明礼貌行为,也是对收信人的一种礼节,体现写信人对收信人的关心。问候语最常见的是"您好!""近好!"依时令节气不同,也常常有所变化,如"新年好!""春节愉快!"等。问候语写在称呼的下一行,前面空两格,常自成一段。问候语之后,常有几句启始语,如"久未见面,别来无恙!""近来一切可好?"问候语要注意简洁、得体。

接下来便是正文的主要部分,即写信人要说的话,它可以是复答、劝谕、抒怀、辞谢、致贺、请托等,也可以是叙情说理、辩驳论证等。这一部分,动笔之前,明确写信的主旨,做到有条有理、层次分明。若是信中同时要谈几件事,更要注意主次分明,有头有尾,详略得当。

(四)结语

结尾部分要根据收信人的身份写祝福语,以示礼貌。一般性的祝词有"此致""敬礼”等，格式是正文后另起一行空两格写“此致”，在“此致”的下一行顶格写“敬礼”。

（五）落款

在正文右下方署上写信人的姓名，姓名正下方写日期。

四、一般书信写作的注意事项

（一）称呼、问候用语及信中语气、措词等使用要符合写信人的身份。

（二）写信的内容要考虑收信人的文化水平及经历，力求写得清楚明白，使收信人能清楚明白、一目了然。

（三）内容要写得简洁利索，对方一看就能抓住要领。书信的目的或是相互问好，或是交流思想，或是传递信息，或是研讨问题，或是有事相托等，因此，写信时，要做到开门见山，直抒胸臆。

（四）语言运用体现优美得体，对方一看便深感真挚可亲。书信多是亲朋或同志之间的谈话，因此，书信的语言除简洁利索之外，还要讲究文明礼貌，这就要求我们在写信时所使用的语言、语气要视不同对象、用途和内容而异。

例文 1

敬爱的老师：

您好！

在这硕果累累的金秋时节，我们在醉人的花香中迎来了又一个教师节，在此，首先祝您节日快乐。

亲爱的老师，是您教会了我们知识，也是您带领我们走进知识的大门，把知识宝库的金钥匙交到我们手中，让我们去努力发现知识领域的奇妙世界。

有人说，老师是园丁，培育了一代又一代的人才。我觉得这话没错，您就是园丁，我们是春天里的幼苗。茁壮生长的绿叶上有您辛勤的汗珠，鲜艳的花朵上有您的微笑！不管您有多忙多累，您始终精神饱满地出现在我们面前，为我们讲授知识。您为我们的成长付出了多少心血，牺牲了多少个良宵啊！您额头的皱纹刻下了千丝万缕的慈爱，您鬓边的白发记载着长年累月的辛劳。

写到这里，我要对您说一句：老师，您是我们心中永远的天使！

祝

节日快乐

桃李满天下

×××

20××年9月10日

例文分析

这封信格式规范、感情真挚，用语自然、贴切、有礼貌。同时，作者运用叙述和抒情表达方式把老师的崇高描绘得淋漓尽致。

例文2

亲爱的妈妈：

您好！

今天，是我十八岁的生日，您的大儿子终于长大成人了，感谢妈妈十八年来含辛茹苦的养育之恩。亲爱的妈妈，您辛苦了！

亲爱的妈妈，十八年前的今天，您十月怀胎，忍着剧痛给了我生命，让我在这缤纷多彩的世界书写华章。从我出生那刻起，您早就将我的生命置于您的生命之上，也就注定将花费很长的时间和付出艰辛的劳动来养育我。其实从很小的时候我就知道，您是一位很慈祥而又称职的母亲，还记得，那时家里收入不高，爸爸工作的单位又不景气，您每天起早贪黑地去文化馆门口摆摊。我每次都记得您有时从市场进完货回来已是深夜，那时的我太不懂事，不爱学习爱顶嘴，更是一言不合就摔门而出，叛逆的我每次都把你的话语当耳旁风，可您却不管工作完后多累，从来不冲我们发脾气，依然按时给我们做饭，照顾好一家人的生活起居。后来我长大了才知道，一个人要承担起那么繁杂的家务事该是有多么的不容易，还要包容一个青春叛逆孩子的所有任性更是有太多的不容易。

随着年龄的增长，我更加体会到这十八年来您有多么的不容易，每每这时，我总是觉得当年的我很混蛋，我为自己当年的不懂事深深地自责，亲爱的妈妈，感谢您的不嫌弃和不放弃。转眼已经离开家半年多了，离开家乡的我，无时无刻不在想您，有时夜里梦见我们一家在电视机前看晚会，吃着您亲手做的菜，那种感觉真的很温馨，很快乐，很幸福。

十八年，转眼间我已是成年人了，成了一个大小伙子。这一切的一切都是您的功劳，我也知道，无论我做什么也无法报答您的养育之恩。妈妈请放心，我一定会在学校中刻苦学习完成自己的学业，绝不辜负您对我的一片期望！

祝

身体健康

您的儿子：××

20××年×月×日

例文分析

本文开篇点明主题，接着对母亲一直以来对家庭的付出及我的养育之恩表达了作者深切地感恩之情，最后再次升华主题，写出了小作者对家乡及妈妈的思念之情。全文言辞恳切，令人动容。

写作训练

一、给你的爸爸妈妈写一封信，谈谈你在学校的学习和生活。

二、母亲节来临之际，给你的妈妈写一封信，内容不限。

第二节　保证书

一、保证书的定义

保证书是个人、集体，为响应上级号召开展工作、完成任务或做错了事、犯了错误并决心改正而提出保证时使用的专用书信。

保证书的内容要写得切实、具体，要实事求是，说到做到，不可说过头话。

二、保证书的特点

保证书是日常生活、工作或学习中，某集体或个人立誓完成某项工作或发誓不再犯某种错误而写的一种具有承诺性和保证性的应用文书。保证书具有如下特点。

(一)誓言特性

保证书是以集体或个人名义以一种较为强烈的态度向上级组织、领导或个人表决心时使用的一种书信，它在一定程度上对立誓者形成一种制约和鞭策。

(二)单方特征

保证书一般都是个人或集体在有所保证时向上级组织发出的一种文书。上级组织在收到保证书后并不做答复，只是根据保证者所保证的内容实施监督和检查。因此，从行文方式这一角度看，保证书具有单方特征。

三、保证书的作用

保证书的作用体现为以下两个方面。

(一)约束限制保证人

保证书是立誓人所发出的完成工作或立志不犯错误的誓言。因此,保证书必将对保证者起约束、限制作用,使其尽职尽责地工作或者尽一切努力去克服自己的弱点和不足,在任何时候,都对自己的行为起到监督和限制作用。

(二)调动人们的积极性

任何事情的完成都需人们付出相应的努力和心血,写保证书往往可以充分调动人们的积极性,使群众智慧得以充分的发挥,提高人们的凝聚力。真正做到心往一处想,劲往一处使。

四、保证书的分类

(一)依据其发文对象的状况分

1. 集体保证书

集体保证书是以集体的名义发出的保证书。它往往在响应上级的号召开展某项工作,完成某一任务时才使用。有时,因工作上的失误,也可以以集体的名义向上级写保证书。

2. 个人保证书

个人保证书是以个人名义发出的。它可以是个人在面对重要工作时向上级领导或组织发出的保证性文字,也可以是个人为避免今后再犯什么错误而向他人做出承诺时写的保证性材料。

(二)从保证书的内容来分

保证书可分为为完成工作任务而写的保证书和为改正错误而写的保证书两种。为完成工作任务而写的保证书可以充分调动写保证书的单位或个人的积极性,加强其团结,使其充分开动机器,完成所保证的任务。为改正错误而写的保证书对写保证的一方将产生强烈的额限制约束作用。

五、保证书的格式与写法

保证书一般由标题、称呼、正文、结语、落款五部分组成。

(一)标题

保证书的标题有两种写法：一是由文种单独组成，如《保证书》；二是由内容和文种组成，如《关于××××的保证书》。

(二)称呼

标题下方，左起顶格写送达方的组织、团体、单位或个人的姓名，然后加冒号。

(三)正文

正文一般包括保证的缘由和保证的内容两部分。

1. 保证的缘由

缘由部分要阐明为什么写保证书，要叙述清楚当时的条件和有关情况，使保证的内容建立在一定的前提之上。

2. 保证的内容

保证书的内容主要是指保证人做出保证的具体事项，如保证做到什么，在多长时间里达到什么程度，采取什么具体措施来实现自己的保证，等等。

(四)结语

结语可以再次表示实现目标的决心，如“上述各项保证做到”，也可用“此致”“敬礼”等礼貌用语。

(五)落款

在保证书右下方署上保证的单位或个人的姓名，并写上日期。

四、保证书写作的注意事项

（一）保证书为了响应号召、开展工作、完成任务而对领导或上级所做出的保证或表示的决心。因此，一定要从个人或单位的实际出发，实事求是，使所有保证的内容和决心做到的事项确实可行，取得成效；切忌说大话、假话、空话。

（二）要交代具体保证书要写出保证什么事情，做到什么程度，有的还要交代在什么时间完成决心书则要写出为什么事情定的决心，从哪些方面做起，做到什么程度等，这些内容一定要具体、实在。只有具体、实在，才便于自己执行，落到实处，也才便于组织、领导或上级指导、检查、督促。

（三）措辞要明确，文字要简洁。保证书一般是分条叙述各项措施和具体事项，要一是一，二是二，措辞要十分明确，这样才能便于执行和检查；如果模棱两可，似是而非，不仅不易于掌握执行的分寸，更不利于督促、检查。

例文 1

保证书

敬爱的老师：

我是您的学生×××。今天我怀着愧疚和懊悔的心情写下这份保证书，以向您表示我对旷课这种不良行为的深刻认识以及再也不旷课的决心。

从我踏进校门起，老师就一再强调全校同学不得有旷课的行为，但是我依然无故旷课。虽然我也知道这种行为是不对的，但依然我行我素，今天写这份保证书就是想深刻地反思自己的错误并改正。

对不起，老师！我也知道，保证按时上课、不早退、不旷课是学校对学生最基本的要求，但是我却没有做到。事后，我冷静地想了很久，老师的反复教导言犹在耳，严肃认真的表情犹在眼前，我已经深刻地认识到事情的严重性。

如今，经过一番深刻的反思，本人已深深意识到自己平时生活懒散是无故旷课的罪魁祸首，如果不是因为过于懒散也不至于如此。为了更好地认识错误并改正错误，也为了让老师能够相信我改正错误的决心，我将做好以下整改措施：首先，保持对各门课程学习的高度热情；其次，自始至终专心听讲，做一个对自己负责的好学生。

保证人：×××

20××年9月25日

例文分析

作者开篇已深深意识都自己行为的错误，为后文保证书的内容做了强有力的铺垫。同时，该文将保证的事项写得非常具体，是一份格式正确、内容完整的保证书。

例文2

顶岗生产实习保证书

我是××××学校20××级××班的××，我将于20××年12月到××集团下属分公司参加为期一年的校外顶岗实习。实习过后为了安全地、圆满地完成岗前生产外派任务，进一步提高自我实际操作技能，我保证并承诺做到以下几点：

1. 严格遵守国家法律法规、社会公德和校纪校规；

2. 遵守交通法规，注意乘车安全，文明乘车，安全乘车；

3. 一切行动听指挥，服从指导学员和师傅的指挥、安排和管理，尊重师长，虚心向工人师傅学技术、学文化；

4. 上岗时穿戴好工作服、安全帽等劳保用品和自救器等安全防护用品，工作时间不在井下睡觉，工作中不违章作业，不违反劳动纪律，按时上、下井和乘坐运人车等设备；

5. 遵守学校和实习单位的各项规章制度，保证实习期间不发生偷窃酗酒、寻衅闹事、打架斗殴等现象；

6. 认真贯彻执行安全管理第一，预防为主的方针，提高安全防范意识，提高自我保护能力。

保证人：××

20××年 12 月 5 日

例文分析

本案例措辞简洁明确，内容具体，条理清晰，没有过多的铺叙和不必要的解释。首先写保证人的基本情况，然后分条逐一列举保证事项，态度诚恳。

写作训练

一、王林同学开学至今经常无故旷课、迟到，请代王林同学给班主任写一份保证书。

二、李强上课期间经常无故打乱老师上课，影响课堂正常的教学秩序，请代李强给班主任写一份保证书。

第三节 倡议书

一、倡议书的定义

倡议书是由某一组织拟定，就某事向社会提出建议或提议社会成员共同去做某事的书面文书。倡议书作为日常应用写作中的一种常用文体，在工作和学习中广泛使用。

二、倡议书的特点

（一）广泛的群众性

倡议书不是对某个人或某一集体发的，它的对象往往是广大群众，或是某一部门的所有人，或是一个地区的所有人，甚至是全国人民。因此，广泛的群众性是倡议书的根本特征。

（二）响应者的不确定性

倡议书的对象往往是不确定的，即便在文中明确了倡议的具体对象，但实际上，有关人员可以响应倡议，也可以不响应倡议，它本身不具有很强的约束力。

（三）公开性

倡议书是一种广而告之的书信，它的目的是让广大的人民群众知道、了解所倡议的内容，从而激起更多的响应。

三、倡议书的格式与写法

倡议书一般由标题、称呼、正文、结语、落款五部分组成。

（一）标题

倡议书的标题有两种写法：一是由文种单独组成，如《倡议书》；二是由倡议内容和文种组成，如《把遗体交给医学界利用的倡议书》。

（二）称呼

标题下一行顶格写称呼，可依据倡议的对象选用适当的称呼。有的倡议书也可不用称呼，而在正文中指出。

（三）正文

正文包括倡议的背景、原因和目的以及倡议的具体内容和要求。

1. 背景、原因和目的

倡议书的发出旨在引起广泛的响应,只有交代清楚倡议活动的原因以及当时的背景并声明发布倡议的目的,人们才会理解和信服,才会自觉地行动。

2. 具体内容和要求

这是正文的重点部分。倡议的内容一定要具体化,如开展怎样的活动、做哪些事情、具体要求是什么、活动的价值和意义是什么等,这样写可以使读者一目了然。

(四)结语

结语表明倡议者的决心、希望或者提出某种建议。倡议书一般不在结尾写表示敬意或祝愿的话语。

(五)落款

在正文右下方写明倡议者集体或个人的姓名,并写上发倡议书的日期。

四、倡议书写作的注意事项

(一)倡议书的内容要切实可行,不要违背国家的方针政策,既要有先进性,又要有可行性。

(二)倡议书应写得情理并重,富有号召力。一份好的倡议书应说之以理,动之以情,使人读后能被你的理由说服,能被你的情感打动,这也是倡议书号召力的内在因素。

(三)倡议书的背景、目的要写清楚,理由要充分,措辞要贴切,同时,篇幅不宜过长。

例文 1

校园环保倡议书

亲爱的同学们：

当你背着书包踏进花园般的校园时，当你在球场上挥汗如雨拼搏了一节课后坐在校园的石椅上时，当你课后漫步在校园时，你可曾想到为了让同学们能有如此良好的学习环境，学校在这方面花了多少心思？投入了多少财力？

目前，在我们同学中，有不少同学在校园里随手随处抛扔垃圾，这种行为不仅破坏了校园环境，也损害了学生的形象。你是否愿意看到校园里到处是垃圾痰迹，草坪被人随意践踏，花草树木遭人攀折？如果你不愿意看到这一切的发生，那就让我们一起遵守以下倡议：

1. 不随地乱扔果皮纸屑，将各种废物送进纸篓或垃圾筒，并主动捡拾别人丢在地上的垃圾；

2. 不随地吐痰；

3. 为了花草树木们的健康成长，不随意践踏、攀折它们；

4. 保护好学校为大家精心设计的公共设施，不乱涂乱画，养成良好的卫生习惯，树立积极的环保意识；

5. 每个人不光从自己做起，还及时督促身边的同学保护好校园环境。

为了我们的校园更加洁净，让我们一起行动起来吧！

××学生会

20××年××月×日

例文分析

本文措辞恰切，情感真挚，富有鼓动性。所倡议的各项内容确实可行，是一篇深入人心的倡议书。

例文 2

文明出游倡议书

各位市民朋友：

随着生活水平的提高，外出旅游已成为日常生活中重要的休闲方式。国庆佳节来临之际，为创建文明和谐的旅游环境，在此，××市文明办发出如下倡议：

一、广大市民要遵法守礼，文明出游。要从自身做起，守公德，讲礼仪，安全文明出游；要维护公共环境卫生，爱护生态环境和公共设施，不乱扔杂物；要自觉保护文物古迹，不乱涂乱画、随意攀爬。

二、旅游从业者要积极引导，做出榜样。各旅行社和导游要率先践行《中国公民国内旅游文明行为公约》《中国公民出境旅游行为指南》等相关条例，推广文明礼仪知识，用自身的文明言行带动游客，切实履行引导游客文明旅游的职责，并及时提醒和制止游客的不文明行为。

三、社会各界要携手努力，共创文明。文明和谐的旅游环境需要社会各个方面一起努力，共同营造。同时，要积极宣传文明典型，自觉抵制不文明、不健康的旅游消费，用公众的力量推动文明出游良好社会风尚的形成。

让我们携起手来，文明出游，从我做起，从现在做起，从点滴做起。

××市文明办

2022 年 9 月 24 日

例文分析

本例文首先简明交待了倡议活动发起的原因，然后在分条罗列倡议的事项，最后对本次倡议进行点题呼吁。

写作训练

一、近日，学校食堂里浪费食物的现象屡屡发生，餐桌上随处可见的剩菜剩饭堆积如山，请你针对该现象写一则倡议书。

二、一年一度的读书节即将到来，请你写一则倡议书，倡导大家多读书、好读书、读好书。

第四节　申请书

一、申请书的定义

申请书是个人或集体向机关、企事业单位或社会团体表述愿望、提出请求时使用的一种书面文书。

申请书使用的范围十分广泛。个人对党、团组织要求参加党、团组织，可以写申请书表达愿望；下级在工作、生产、生活等方面对上级有所要求，也可写申请书。总之，申请书几乎涉及工作、生活的方方面面。

二、申请书的特点

（一）请求性

“申请”顾名思义是申述自己的理由，有所请求。因此，请求性是申请书最根本的特点。

（二）书信体格式

申请书是一种专用书信，因此，它也必须按照书信体格式行文。申请书的内容因要求不同而不同，行文格式基本保持不变。

（三）行文方式的独特性

申请书是个人向组织或者下级向上级行文的文书，这是由申请书的性质所决定的，所以申请书在语言的使用上均须符合下级对上级的行文方式。

三、申请书的格式与写法

申请书一般由标题、称呼、正文、结语、落款五部分组成。

（一）标题

申请书的标题有两种写法：一是由文种单独组成，如《申请书》；二是由申请内容和文种组成，如《入党申请书》《调换工作申请书》。

（二）称呼

顶格写明接受申请书的组织、单位或有关领导的称呼，称呼后加冒号。

（三）正文

1. 开头，首先要提出要求，即请求要做什么事。

2. 主体，具体包括两项内容：一是写清楚为什么要做这件事，即写理由，理由要写得客观、充分；二是写怎么办，也就是自己怎么去努力争取达到愿望等，这部分要写得具体实在。如申请的理由较多，可采用分段或分条列项写。

（四）结语

申请书的结语常用“特此申请”“恳请领导帮助解决”，也可用“此致”“敬礼”等礼貌用语。

（五）落款

个人申请的落款要写明申请者姓名并注明日期，单位申请的落款则写明单位名称，注明日期并加盖公章。

四、申请书写作的注意事项

（一）申请的事项要写清楚、具体，涉及到的数据要准确无误。

（二）申请理由要充分、合理，实事求是，不能虚夸和杜撰，否则难以得到上级领导的批准。

（三）语言要准确、简洁，态度要诚恳。

例文 1

贫困学生补助申请书

尊敬的××学校领导：

我来自海南省××县一个偏僻的农村。家中的劳动力只有父亲和母亲，父母均是农民，因为没有文化、没有本钱，只好在家务农，以种田为生，且母亲一直有病在身，全家的开支几乎全由父亲一个人承担。

为了能让我上学，父母日夜劳碌奔波，可收入仅仅够维持家庭最基本的生活需要，几十年来，我们一家一直过着贫苦的生活。尽管家庭贫困，生活捉襟见肘，但我并没有因此而放弃我的读书梦。经过努力奋斗，我终于圆了再次走进校园的梦想，但是高昂的学费，让全家在高兴之余，也多了一份负担。几经周折，父母向亲戚朋友借来了我的学费，但我们家早已是负债累累。如此窘况我也并没有放弃读书的梦想，我始终坚信读书可以改变人生。在学习上，我努力刻苦；在生活上，为了尽量减少家庭负担，在空闲和休息期间，在不影响自己学业的同时，我还积极参加了学校图书馆组织的勤工俭学工作。

为了能给父母减轻负担，解决我的后顾之忧，遂向学校申请贫困学生补助，希望各位领导能予批准。

此致

敬礼

申请人：×××

20××年××月××日

例文分析

本文所申请的事项清楚、具体；所申请的理由也充分合理，实事求是；用语准确、简洁，态度诚恳。

例文 2

换岗申请书

尊敬的人事部领导：

感谢您在百忙中抽空阅读此申请书。我叫李明，于 20××年 4 月进入公司仓管组工作已超过两年的时间，工作期间，尽职尽责完成自己的份内工作。由于本人手腕多次受伤给现岗位工作带来诸多不便，特向领导提出到叉车组工作。恳望批准。

此致

敬礼

李明

20××年 10 月 25 日

例文分析

开篇首先对审阅人表达阅件谢意，再介绍自身的工作基本情况及因个人身体原因需申请换岗，理由充分，言辞恳切。

写作训练

一、结合自己的实际情况写一份入团申请书。

二、2016 年 10 月，李芳调入信息中心通信部工作，任话务员。在两年的时间里，她学到了很多知识和本领，和大家相处得非常愉快。2018 年 10 月，由于父母希望她回老家工作，便于生活上互相关照，她要给单位领导写一封离职申请书。根据上述情况，请你为李芳拟写这份申请书。

第七章 常用事务类

第一节 计 划

一、计划的定义

计划是党政机关、社会团体、企事业单位或个人为了实现某项目标或完成某项任务而事先做的安排和打算。

二、计划的特点

计划的制订,需要事先有调研,拟订时要实事求是,具有科学性和可行性。计划一旦制订,对执行者就具有一定的指导力和约束力,要求在所含范围内的人或部门切实执行并确保完成。计划有以下几个特点。

(一)预见性

预见性是计划最明显的特点之一。计划是在行动之前对行动的任务、目标、方法、措施所做的预见性确认。计划不能是盲目的、空想的,而是以上级部门的规定和指示为指导,以本单位的实际条件为基础,以过去的成绩和问题为依据,对今后的发展趋势做出科学预测之后制订的。

（二）针对性

计划针对本单位的工作任务、主客观条件和相应能力而定，是从实际出发制订出来的，因而计划具有针对性。

计划的针对性有两层含义，一是计划是根据党和国家的方针政策、上级部门的工作安排和指示精神而定的，任何组织和管理层次的人员都必须在自己的职权范围内制订计划，因而计划具有普遍性；二是从实际出发，针对本单位的工作任务、主客观条件和相应能力而制定，因而计划具有针对性。

（三）可行性

在制订计划的过程中要充分考虑可能出现的情况，要注意可行性，一旦制订下来就要遵照执行，不得违背和拖延。可行性是和预见性、针对性紧密联系在一起的，预见准确、针对性强的计划，在现实中才真正可行。如果目标定得过高、措施无力实施，这个计划就是空中楼阁；反过来说，目标定得过低，措施方法都没有创见性，虽然很容易实现，但并不能因而取得有价值的成就，那也算不上有可行性。

（四）约束性

计划一经通过、批准或认定，在其所指向的范围内就具有了约束作用，无论是集体还是个人都必须按计划的内容开展工作和活动。

三、计划的种类

无论计划如何分类，计划内容的范围都是“做什么”“怎么做”“做到何种程度”三大项。计划的种类很多，从不同的角度、根据不同的标准可以对其进行不同的分类。

（一）按性质分

计划按性质可分为综合性计划和专题性计划。

1. 综合计划涉及的范围较广泛，是一种比较全面的计划。

2. 专题性计划内容涉及的范围较窄，通常是针对某一项具体的工作而制订的。

（二）按内容分

根据内容不同，计划可分为工作计划、生产计划、学习计划、教学计划、科研计划、财务计划和军事计划等。

(三)按时间分

计划按时间可分为长期规划、短期计划。

1. 长期计划时限较长,是一种战略性的宏观安排,是比较全面的长远的发展计划,通常称为规划。规划是为了全局或长远工作做出统筹部署,以便明确方向,激发干劲,鼓舞斗志,相对于其他文体而言,规划具有长远性、全局性、战略性、方向性、概括性和鼓励性的特点。

从时间上说,规划一般都要在三五年以上;从范围上说,大都是全局工作或涉及面较广的重要工作项目;从内容和写法上说,往往是粗线条的,比较概括的。例如《我国国民经济和社会发展的"十四五"规划》《××省工业结构调整规划》《××省经济和社会发展十年规划》等,中高职学生的职业生涯发展规划也属于长期规划。

2. 短期计划时限较短,大多是一年,或一季、一月、一周、一日的工作安排,内容比较具体细致。

(四)按范围分

根据范围不同,计划可分为国家计划、地区计划、部门计划、单位计划、科室计划、班组计划和个人计划等。

(五)按表现分

根据表现不同,计划可分为规划、纲要、要点、方案、措施、设想、打算、安排等。

(六)按作用分

根据作用不同,计划可分为指令性计划和指导性计划。指令性计划也称为命令型计划,是指上级计划单位按隶属关系下达,要求执行计划的单位和个人必须完成的计划。指导性计划是国家制定的对单位的经营方向和经济活动目标具有指导作用的非强制性计划。

(七)按形式分

计划按形式可分为条文式计划、表格式计划和条文表格兼备式计划等。

1. 条文式计划是主要用文字形式来叙述和说明的计划,常分若干条款或若干部分来阐述。

2.表格式计划是主要用表格形式来反映有关项目和内容的计划，常用数字和数据来表述项目、内容。

3.条文表格式计划既有文字叙述，又有表格体现，一般以数字表格为主，文字说明为辅。

四、计划的格式与写法

就格式而言，计划通常由标题、正文、落款几个部分组成。

(一)标题

计划的标题一般由四个要素组成：单位名称、适用时限、计划内容和计划种类。常见的计划标题格式如下：

1.单位名称＋期限＋计划内容＋计划种类，这也是规划标题的四要素，如《××省“十四五”期间经济发展规划》《××大学2020—2021年教学工作计划》；

2.单位名称＋计划内容＋计划种类，如《××大学关于开展〈邓小平文选〉学习活动的计划》；

3.期限＋计划内容＋计划种类，如《2021—2022年青年教师培训计划》；

4.计划内容＋计划种类，如《教学计划》。

(二)正文

正文一般由前言、主体、结语三部分组成。

1.前言

前言主要点明制订计划的指导思想，介绍有关背景，并对基本情况进行分析说明。前言的文字力求简明，以讲清制订本计划的必要性、执行计划的可行性为主，忌套话、空话。

内容单一的计划也可以直接切入计划的正题，省去前言。

规划的前言不能只是简单地罗列事实，而应把诸多有关情况进行认真综合分析，找出其存在的客观问题，这样才会使规划的目标制定言之有据，具有可靠性。

2. 主体

这是计划的核心部分。主体部分要具体说明目标、任务、措施、步骤、时间安排等内容,即写清楚“做什么”“怎么做”“什么时候完成”。

规划的主体既要写得鼓舞人心,又要写得坚定有力,要用简练的语言概要地阐述规划的目标要求。

(1)目标和任务——制订计划的目的和努力方向。这部分一般包括两个方面的内容:一是总任务和指标,要明确说明一定时期内要完成的总任务是什么,达到什么指标;二是分任务,即具体任务,应尽可能明确具体地写明任务的数量和质量要求。总任务要写得清楚、简练,具体任务要分项分条写得明确、具体。

目标任务是规划的主体和核心,这部分的写作通常有两种结构:对于全面规划或任务项目较多的规划,因其各项任务比较独立,没有多少共同的完成措施,一般采用以任务为主线的“并列式结构”(措施都在各自的任务之后分别提出);对于专题规划或任务较单一的规划,因其任务项目较少而其项目之间的联系又较大,一般采用任务、措施分说的“分列式结构”。

(2)措施和步骤——计划得以实施的保证。在明确提出了任务、要求之后,要制订出切实可行、有效的措施和方法,确定具体步骤和组织分工。一般可采用分段列小标题的方式标明措施和步骤,再详细说明具体做法、组织分工、人员安排、先做什么、后做什么、何时完成等。

(3)时间安排——保证预期的目标能有条不紊地实现。时间安排要科学,分清主次,合理安排。这部分内容一般可以放到措施、步骤中去写,在落实措施、步骤的同时提出时间的安排。

计划写作时也可把“目标任务”和“措施步骤”结合起来,在每项任务中写明目的要求和实现任务的措施、步骤、方法等。主体部分中的任务和措施是相互依存、不可缺少的内容,应做到任务明确,措施具体。

3. 结语

结语一般包括应注意的事项、要说明的问题。有的计划则用简短有力的语言提出希望、发出号召,也可不写结语。

规划的结语即远景展望和号召,这部分要写得简短有力,富有号召力。

(三)落款

一般在正文右下方标明制订计划的单位名称和日期。如标题中已写明单位名称,结尾也可不署名。

五、计划写作的注意事项

(一)实事求是,量力而行

制订计划要从本单位、本部门的实际出发、实事求是。写作时要根据党和国家的方针、政策以及有关指示精神,结合本单位、本部门的实际情况,提出明确的任务、指标,制订出切实可行的措施、方法。

要对当前的工作或生产的基本情况进行正确的分析和评估,有的放矢地提出任务和措施,既有长期的奋斗目标,又要明确近期应达到的目标,任务具体,措施得力。

(二)明确具体,便于执行

计划的目的、任务、指标、措施、方法、步骤、责任部门和人员以及时间都要具体、明确、科学合理,责任分明,便于执行和检查。

(三)留有余地,便于完善

制订计划要适当留有余地,以便在计划实施过程中适应新情况、新问题,及时对计划的内容做出必要的修改和补充,使之更完善,更好地为现实服务。

(四)语言简明准确,表达方式以叙述、说明为主

计划是要求人们明确未来一段时期内的工作任务、奋斗目标,以及如何完成、何时完成。因此,计划的语言要简明易懂、准确无误、朴实无华;不能似是而非、模棱两可,也不需要用生动、形象的语言。不要发表议论,更不能抒情,行文要采用叙述、说明的表达方式。

例文 1

2018 学年第一学期期末考试复习计划

一、学习现状

经过认真地分析，我认为自己的学习情况是这样的：数学、英语和语文的基础知识掌握还欠准确和牢固，会计基础、会计电算化等专业课尚好。在解答习题上，单独运用某项知识解题的能力不错，但综合运用知识解题的能力不强。

二、应考目标

苦读巧读一个月，力争本学期语文、数学、英语三门基础课的考试成绩均达到 75 分以上，专业课程每门课的考试成绩均达到 85 分以上。

三、复习重点

全面复习本学期所讲授的课程，掌握考试大纲要求的基础知识，提高解题技能。数学、英语、语文是复习重点，数学是重中之重。

四、复习步骤

从现在到考试前分三个阶段复习。

第一阶段：12 月 1 日至 12 月 15 日，掌握基础知识和解题基本技巧。

第二阶段：12 月 16 日至 12 月 31 日，依据对考试情况的掌握以及模拟考试的分析，弥补上个阶段的不足，针对疑难知识点进行复习，并进行应试技巧的训练。

第三阶段：1 月 1 日至 1 月 15 日，为迎接考试做最后的准备。

五、具体措施

（一）严格自觉按计划复习，接受家长、老师及同学督促；

（二）全身心投入，脚踏实地，稳扎稳打；

（三）讲究方法，注重效率；

（四）坚持体育锻炼，保持最佳学习状态。

李　明

20××年 11 月 30 日

例文分析

该例文的标题由计划时间、内容与文种组成。

正文部分的第一、二部分相当于前言，对自己的学习现状进行了分析，具体明确地提出了计划的目标。第三部分交代具体任务，解决了“做什么”的问题。第四部分分段写清三个实施步骤，具体说明了进度和时间安排，一目了然，便于实施，解决了“何时完成”的问题。第五部分则采用条文式拟定实施的措施，解决“怎么做”的问题。整体采取分条列项、列小标题的写作方式，条理清晰，简洁明快。

例文 2

职业生涯规划

——我的未来不是梦

我相信我的未来不是梦，空想会让人迷失方向，只有规划才能促进梦想的实现。职业生涯规划，对职校生而言，就是在自我认知的基础上，根据自己的专业特长和知识结构，结合社会环境与市场环境，对将来要从事的职业以及要达到的职业目标所做的方向性的规划。所以，三年的职校生活是职业生涯规划的黄金阶段，对我们未来的职业走向和职业发展具有深远的影响。

一、关于“我”

我是××××学校文化艺术教学部 2017 级美容(2)班的学生，从跨入职校的那一刻起，我的内心就无比地激动与自豪，因为我距离梦想更近了，同时也会感到忐忑不安，缺乏自信。害怕时间过得太快，而我还没有完全掌握好专业技能，还没有足够的心理准备去应对未来的职场。因此，根据自己的个人特征，我精心制作一份职业生涯规划用来指引自己的行动。

我的性格特征：我是一个古灵精怪活泼可爱的小女孩，拥有开朗外向的性格，善于社交，热爱美容。我有一群非常要好的朋友，她们和我趣味相投，喜欢美容。我有一点小洁癖，在家里打扫房间整理物品的家务我几乎全包了，因为我喜欢看到周围干净整洁的样子。我从小就特别喜欢有条不紊地安排自己的学习和生活，习惯给自己制定一份时间安排表，什么时候做什么事情，都安排的井井有条。因为我知道，凡事预则立，不预则废。我想，这个良好的习惯对于我今后从事美容行业是很有帮助的。

我的兴趣爱好：我喜欢皮肤护理，喜欢化妆，喜欢造型，还喜欢美甲，我非常喜欢我的专业。我的业余爱好也十分丰富，读书，听音乐，看经典影片，跑步，打篮球样样精通。

我的职业能力：我的专业课学得很好，是美容专业课的课代表。在课堂上我是老师的助教，经常辅助老师教其他同学面部按摩手法，同学们都说我的面部护理手法专业细致，无论是揉法、拿法、按法、擦法还是推法、摩法都非常到位，力度适中，柔和精准。所以，我打算以美容护肤行业作为我未来职业的首选，以化妆造型作为未来的辅助职业。例如在学习化妆的时候，我懂得了色彩的搭配方法，懂得了什么样的肤色配哪种色系的粉底。我们还经常参加社会实践活动，给各教学部参加演出的老师们和同学们化妆，这种实践方式既可以锻炼我们的沟通能力，又能提高我们的化妆技巧。我觉得，学习美容，不仅要有熟练完善的手法技巧，还要掌握一定的理论知识，做到理论与实操相结合。不仅要用手、用心，更要用情，做到手到、眼到、心到，理解美容服务行业的真正含义，把微笑、真诚送给顾客，用我们的温馨服务让顾客从心里感到舒心、放松，惬意。

我的职业价值观：我的职业价值观的核心是诚实守信。诚信是个人的生存之本，发展之道，是不可或缺的基本素质，是个人自立于社会的一道无形资产，是成功道路上不可或缺的道德准则。

二、环境分析

（一）家庭环境分析：我生活在美丽的素有“诗乡歌海”之称的海南儋州，家里一共五口人，是一个温馨和谐、其乐融融的家庭。虽然父母文化不高，但通情达理、善解人意，两个哥哥疼我爱我，他们伴我成长，还教会我许多做人的道理。

（二）学校环境分析：我所在的学校是一所国家级重点职业学院，拥有一批专业素质过硬，对教育事业和学生充满热情的教师，各类实训设备应有尽有。学校课余文化丰富多彩，每学期都会定期举办艺术节、运动会、文化节、美食节、诗词诵读大赛等课外活动。

三、确定职业目标及实施计划

为了我喜欢的美容行业，为了能够让自己将来在这一行业中走得更高更远，我为自己的职业生涯设定目标及实施计划如下。

（一）近期计划（2017—2020 年）

努力学习美容按摩手法和化妆技术，全面了解美容基础知识，利用课余时间和放假时间参加专业培训。同时，还要向亲朋好友宣传美容行业是一个创造美的行业，让他们了解我的专业是学什么的，将来是做什么的，为将来工作和创业做好铺垫。

（二）中期计划（2021—2026 年）

在开始走入社会的五年里，在实践中学习，熟练掌握美容技能，把学校学的东西应用到工作实践中，继续接受行业专业培训，争取考取高级美容师资格。同时，学习美容院管理方面的方法和技巧，多向同行、师长、领导请教，积累相关经验，为将来开创自己的美容院打下坚实的基础。

（三）长期计划（2026—2030 年）

积累社会经验，寻找经营加盟合作品牌，筹集资金，聘请志同道合的合作伙伴，在家乡开一家美容院，用心经营，打造专业服务特色，站稳脚跟，为事业的发展壮大做充分的准备。

四、职业生涯规划的现实意义

职业生涯规划的制订有助于全面提高职校生的综合素质，避免学习的盲目性和被动性；规划个人的职业生涯，可以使职业目标和实施策略能了然于心中，便于从宏观上予以调整和掌控，能让我们在职业探索和发展中少走弯路，节省时间和精力；同时，职业生涯规划还能对中职生起到内在的激励作用，使我们产生学习、实践的动力，激发自己不断为实现各阶段目标和终极目标而努力。

五、评估与调整

当然，职业生涯规划也并不是一成不变的，在职业生涯规划实施的过程中，我们要不断丰富自己，充实自己，提高自己，勇于迎接面对职业生涯道路上的种种艰辛与挑战，必要时应及时调整规划，进一步看清楚自己所属的职业环境现状，看清楚前方的道路，明确自己前进的方向，为实现我的职业目标保驾护航，勇往直前。

六、结束语

这份职业生涯规划寄予了我对自己前途的无限向往，也许它不是最完美的一份职业生涯规划，但它寄托了我对于自己未来的美好规划，我将按照我的职业生涯规划，一步一个脚印地向着我的目标迈进，并且它终将指引我达到一个更高的人生境界！

羊国娟

20××年5月25日

例文分析

正文部分结构清晰，层次分明，全文从六个角度阐述职业生涯规划的内容。第一点关于"我"中，作者从性格特征、兴趣爱好、职业能力、职业价值观四个角度立体剖析，让我们感受到了一个栩栩如生的热爱学习、热爱生活、热爱自己职业的奋发向上的职校生形象。第二点作者从客观环境分析入手，通过自己成长的温馨和谐的家庭环境和文化氛围浓郁的校园学习环境，让我们感受到一位身心健康，自信阳光，幸福快乐，多才多艺的新时代职校生形象。第三点作者实事求是地制定了自己的近期、中期、长期职业目标及实施计划。最后，作者对自己的职业生涯规划也提出了评估与调整。

写作训练

一、下面是一位同学制订的学习计划，文中有多处语病，请指出并加以修改。

××同学今后两个月学习计划

学习是学生的首要任务，不好好学习的学生不是好学生。所以我必须好好学习，为了学好各科知识，在期末取得好成绩，我计划在今后两个月内作好以下几方面工作：

①端正学习态度，晚睡早起，抓紧时间。

②采取有效措施，保证学习的自觉性。

③争取英语考试成绩优良，其他各科的成绩也要有明显的进步。

④注意动手能力的培养，使自己以后能适应工作。

二、请你结合自己兴趣爱好及专业特点，制作一份职业生涯规划。

第二节　总　结

一、总结的定义

总结是国家机关、社会团体、企事业单位及个人对过去一定时间内的工作或任务进行回顾和检查，通过认真地分析研究，从中找出经验教训，并加以条理化、系统化、理论化，引出一些规律性的东西，得出指导性的结论而写成的书面材料。

二、总结的特点

总结是对自身实践活动的回顾，又是人们思想认识从感性阶段向理性层次不断提高的过程。人们可以通过总结更深刻更全面地认识过去，更理智更坚定地走向未来，更顺利地开展以后的工作。具体而言，总结具有以下特点。

（一）指导性

总结是通过典型事例和确凿数据的分析对过去工作做出正确的评估，是成功经验的归纳和失误教训的剖析，从实践中产生，又反过来指导实践。

（二）真实性

总结要指导工作实践，其内容就必须真实客观，必须反映工作的实际情况。总结的事例和数据也必须真实可靠、确凿无误，不能主观臆断、文过饰非。真实性是总结的灵魂。

（三）理论性

要在正确理论的指导下总结，对实际情况进行深入的分析研究，提炼出对事物本质的理性认识,使零散、肤浅的感性认识上升到理论的高度。

(四)条理性

总结要求如实地反映工作过程,但不是简单地罗列事实材料,而应有条理有层次地加以反映。既有观点又有材料,找出观点与观点之间、材料与材料之间的内在联系;既有叙述又有议论,并有序地组织起来,用简明扼要的语言表述出来。

三、总结的种类

总结的种类有很多,根据不同的标准可以分出不同的类型。

根据范围不同,总结可分为地区总结、单位总结、部门总结等。

根据时间不同,总结可分为月度总结、季度总结、年度总结等。

根据性质不同,总结可分为工作总结、生产总结、学习总结等。

根据内容不同,总结可分为综合性总结和专题性总结。

综合性总结是单位常用的总结,是对本单位、本部门或本地区一定时期内工作的全面回顾。它比较全面地总结一个单位、一个部门或一个地区在某个时期的工作情况,涉及面广,内容丰富,要求展现单位、部门或地区工作的全貌。

专题性总结是对一定时期的某一项工作或某方面的情况所做的专门性总结。与综合性总结相比,专题性总结的内容更集中、具体,研究更深入,针对性更强。经验总结就是专题性总结中常见的一种。

四、总结的格式与写法

总结一般由标题、正文和落款三部分组成。

(一)标题

总结的标题有三种写法:第一种是文件式标题,由单位名称、时限、内容和文种组成,如《××省税务局20××年税收工作总结》;第二种是文章式标题,用简练的语言概括总结的内容,如《减员增效使企业走出困境》;第三种是双标题(又称主副式标题),由文章式标题和文件式标题组成,如《加强大学生思想道德建设——××学院团委20××年工作总结》。

(二)正文

总结的正文一般包括前言、主体、结语三部分。

1. 前言

前言一般简明扼要地介绍基本情况、交代背景、点明主旨、说明成绩、总结经验。前言开头应力求高度概括，主要为主体内容的展开做必要的铺垫。基本情况这一部分内容要写得提纲挈领，以便读者对总结有一个大概的了解，为下文具体介绍经验教训打好基础。

2. 主体

这部分是总结的主要内容，目的是肯定成绩、找出问题，要具体、细致、生动地介绍成绩和经验。主体部分一般包括主要成绩、基本经验、存在问题三个方面。

(1)主要成绩

一般是将主要成绩分为几个方面来写，或将主要成绩概括为几点。这部分要写得具体，可以用典型事例和具体的数字加以说明，有时也可以对比说明。

(2)基本经验

这是总结中理论性、指导性最强的部分，是在摆事实、讲道理的基础上概括出的规律性的东西，要做到观点和材料的统一。

(3)存在问题

如果是综合性总结，这部分内容是取得的成绩、获得的经验、存在的问题；如果是专题性总结，这部分则概括成绩，主要写经验、体会或做法。无论是哪类总结，都要做到观点鲜明、材料丰富、真实典型、层次清楚、条理性强；文字表达通俗、流畅、有生气；在问题的提法上、内容的安排上、段落的衔接上、观点和材料的配合上尽量采用新颖活泼的形式，使听者、读者有耳目一新的感觉。

3. 结语

结语部分对全文进行归纳概括，提出希望，展望今后努力的方向。可用几句话进一步总结突出的成绩和存在的问题；可扼要地提出今后工作的发展方向、打算和设想；还可在写完成绩或经验后，再概括地写一下存在的缺点或不足。

(三)落款

单位所做的总结,正文右下方要有单位名称和日期,并加盖公章,如果标题已有单位名称,则可以省略署名。个人所做的总结,通常在正文右下方署名,在署名的下一行写上日期。

五、总结写作的注意事项

(一)指导思想要正确

我们做任何工作都要与党和国家的方针政策保持一致,只有这样,才能正确地总结成绩、失误、经验和教训,分清现象和本质、主流和支流,才能真正发挥总结的积极作用。

(二)实事求是

总结经验是对实践的再认识,也是对实践的本质概括。因此,实事求是是写好总结的基础,也是总结写作时应有的态度。

(三)观点材料要统一

总结要有正确的观点、典型的材料。观点来自材料,但观点形成之后,又必须用材料来说明。

(四)注意点面结合

写总结时,注意既要有面上的材料,又要有点上的材料,做到点面结合。

(五)善于总结新经验

写总结要善于发现新事物,揭示新规律,总结新经验。

(六)进行恰当的分析

总结写作最容易犯的错误是只做回顾,只得结论,不做分析。如果不对材料进行适当的分析,就难以得出规律性的经验。

(七)坚持平实的文风

语言要朴实、准确,不必追求辞藻华丽、生动形象。对于事例,用平实的语言把"做了什么""做得怎样"简述出来,以供分析使用即可。

例文 1

在 2018 年冬季交易会上,海口市冬季瓜菜交易团重视调研工作,组成了专业的调研组。调研人员通过业务洽谈和召开专题座谈会等方式进行调研,取得了一些成绩。为总结经验、反思教训,该交易团在交易会结束后,写了一份工作总结。

2018 年冬季交易会

海口市冬季瓜菜交易团调研工作总结

在今年冬季交易会上,我市冬季瓜菜交易团重视调研工作,组成专业的调研组。调研人员通过业务洽谈、现场问卷调查、网络投票和召开专题座谈会等方式进行调研,取得了一些成绩。

一、本次调研取得的成绩

(一)通过调研,基本上掌握了当前我市冬季瓜菜市场情况、供求关系、价格水平,对搞好下一届冬季瓜菜交易会的业务工作奠定了良好的基础。

(二)通过调研,对于当前和明年下半年冬季瓜菜市场供求关系和价格趋势有了更加明确的认识,有利于完成明年的经营计划,为领导确定经营决策、制定经营措施提供了参考依据。

(三)对一些重点城市的产、销、存等情况及趋势进行了调研,积累了第一手资料,有利于今后对海南冬季瓜菜的种植品种、种植数量、销售模式等进行系统的研究。

(四)调查了解了国内市场对海南冬季瓜菜的品种、数量、质量的需求,将其提供给相关部门以便改进生产,开拓海南冬季瓜菜的市场领域。

二、本次调研的经验和体会

（一）领导重视，不断强调和宣传搞好调研工作的重要性，调动调研员的积极性，是搞好调研工作的保证。

（二）本届交易会调研员采用业务洽谈、现场问卷调查、网络投票和召开专题座谈会等方式，取得了良好的效果。

（三）调研中要注意不断提高调研工作的质量，不仅要及时反映情况，还要在一定时间内进行分析研究，提出意见和看法。调研可分阶段进行，前半段应着重调研当前市场和价格，为本届交易会工作服务，后半段应着重调研趋势，为今后工作服务。

（四）调研会是进行调研的好方法，今后可多搞一些专题性的商家座谈会和业务员座谈会。

三、本次调研存在的问题和建议

（一）工作中调查多，分析研究少，经过分析总结出的看法、建议较少。调查侧重于冬季瓜菜的价格，对地区市场情况缺乏系统归纳分析，有参考价值的意见较少。

（二）建议今后在交易会前，各有关公司都应提出本公司的调研提纲，以便调研组及时制定反映实际要求的调研方案。

海口市冬季瓜菜交易团

2018 年 11 月 27 日

例文分析

该例文的标题由单位名称、时限、内容和文种组成。

正文的前言部分开门见山，概述工作时间、内容、成绩，语言简明扼要。主体部分首先从四个方面谈取得的成绩。其次谈经验和体会，总结取得成绩的原因，也是从四个方面展开的。再次，略谈存在的问题，提出改进措施。主体采用分部式结构，用三个小标题，分领三个部分，在每个部分的内部又使用序号标明层次，条理十分清楚。

该例文格式规范、内容客观、语言平实。

例文 2

××省××学校
第二十三届推普周工作总结

2020 年 9 月 14 至 20 日是以“同讲普通话，携手进小康”为主题的全国推广普通话宣传周。本届推普周期间，我校以上级指示精神为指导，结合学校实际情况，开展了一系列的推普宣传活动，充分调动了全校师生的积极性，在校园里形成了强大的影响力。现对本届推普周活动情况做如下总结。

一、认真学习，明确意义

我校把学习和贯彻《中华人民共和国国家通用语言文字法》作为一项重要学习内容，要求教师自学《中华人民共和国国家通用语言文字法》，充分认识推普活动的重要意义。把语言文字规范化要求作为依法办学的重要内容，进一步提升学校语言文字工作整体水平。

二、认真组织，落实到位

学校制定并印发了《××省××学校第二十一届推普宣传周活动方案》，在方案落实上，由学校语言文字办公室负责督察，确保此项活动落到实处，起到实效。

三、活动丰富，形式多样

（一）在第二十一届推普周来临之际，开展以“说好普通话，迈进新时代”为主题的推普周启动仪式。

9 月 18 日 8:00，推普周启动仪式在学校操场隆重举行，参加本次启动仪式的有学校领导班子和全体师生员工。本次活动，特邀嘉宾有××师范大学副教授××同志。

（二）在校园中布置宣传阵地，设立宣传标牌，张贴宣传标语，使整个校园处处充溢着推普周的活动氛围，起到了很好的宣传教育效果。

（三）每个班级出一期推普周为主题的黑板报，内容有推普主题，有推普标语，形成一个宣传阵地。

（四）各班开展一次《中华人民共和国国家通用语言文字法》学习主题班会。

（五）制作《中华人民共和国国家通用语言文字法》微课，组织全校学生观看。

（六）××电视台每周四晚上播放语言文字类型的节目，教务处组织学生观看。

（七）学校团委开展《说好普通话迈进新进代》演讲比赛。

本次推普周的意义在于全面贯彻执行国家语言文字法律法规和方针政策，充分发挥国家通用语言文字的主导作用，促进社会语言生活和谐健康发展，为提升我校师生语言文字应用能力做出积极贡献。我校一直把普及普通话和规范用字作为重要工作来抓，把语言文字工作纳入课堂教学、教学基本功训练和学校常规管理，使其渗透到各项教育教学活动的各个层面，推进我校素质教育进程。本次推普周系列活动获得了很大的成功，这和全体师生的积极参与密不可分。通过本次活动，师生们讲普通话写规范字的意识得到了很好的强化和提高。

四、存在的问题及建议

本次推普周活动存在的问题主要表现为部分师生对推普活动的认识不到位，缺乏积极性、主动性、参与性；部分学生仍存在普通话讲得不标准，口语交际能力较差以及汉字书写不规范，书写能力有待加强等问题。

总之，全校在整个推普周期间有组织、有计划地开展了丰富多彩的推普宣传系列活动，进行了有效的推普宣传，充分调动了广大师生学习普通话的积极性。

××省××学校

2020 年 12 月 10 日

例文分析

本文体现了总结撰写的两个重要环节，一个是“工作”，一个是“总结”。全文条理清楚，层次分明，从推普周的工作意义，组织落实、宣传方式等着笔，层层深入，有理有据。该总结是在完成了推普周系列工作之后通过归纳经验、反思教训的基础上得出的总结，对学校今后的推普工作具有指导性意义。

写作训练

一、下面这段话,是从某局的工作总结中摘录下来的,句子不仅通顺,而且还颇为生动,但该局的局长看后说这样写不对。请你说明该局长这样说的理由。

“我局所属××工厂去年借外部东风,生产一度像穿云燕子,飞向百尺竿头,曾几何时,今春以来,却又像冰山开花似的,一泻千里。”

二、结合自己上学期在校学习和生活的实际情况,写一份个人学期总结。

第三节　简　报

一、简报的定义

简报即情况的简明报道。它是党政机关、企事业单位、社会团体为及时反映情况、汇报工作、交流经验、揭示问题、提出意见而编发的一种内部文件。在不同场合,它又被称为“××动态”“简讯”“工作通讯”“情况反映”“××交流”“××工作”“内部参考”等。

二、简报的特点

简报不同于其他公文,它没有法律效力,亦不具备行政约束力,是一种交流性、汇报性文书,具有简、精、快、新、实等特点。

(一)简

即简明扼要,这是简报的标志。简,指文字少,篇幅短,用少量的文字概括出事实的精髓和意义,做到简短而不失疏漏。

（二）快

简报以讲究时效著称，尤其是那些突发性的动态简报，类似新闻报道中的“快讯”。简报能否发生作用或所发生作用之大小，关键是看它能否及时报送；简报延误了时机，它的作用则会大大缩小。

（三）新

简报反映新情况、新动向、新问题、新经验，要做到内容新鲜，观点新颖，才能引起人们的关注，从而发挥其作用。

（四）实

即真实准确。简报内容一定要真实可靠，准确无误，特别是时间、地点、具体数据一定要经过认真的核实，不得想象和虚构。

三、简报的分类

简报按其性质分，有以下三种：

（一）工作简报

也称情况简报，即反映本部门、本系统各方面工作情况的简报。

（二）动态简报

反映各部门、各领域的新情况、新动态的简报。如《市场动态》《学术动态》《文化信息》等。

（三）会议简报

即举行会议期间编发的简报，是报道会议进程和讲座内容的简报。主要用于一些大中型会议，有利于组织和引导会议的进行。

此外，简报根据时间不同，可分为定期简报和不定期简报；根据内容不同，可分为工作简报、生产简报、会议简报、科技简报、教学报；根据用途不同，可分为汇报性简报、报道性简报、总结性简报和介绍性简报等。

四、简报的格式与写法

简报一般由报头、报身、报尾三部分组成。

(一)报头

报头类似于公文的“红头”,一般也是套红印刷,约占第一页页面的1/3,与正文之间用横线隔开。其主要内容有简报名称、期数、编发机关、日期、保密提示等,相关内容的排列位置如下所示。

××××简报

第×期(总第×期)

×××××编印　　　　××××年×月×日

(二)报身

报身由按语、标题、正文三部分组成。

1. 按语

按语是代简报编制机关立言,是对文稿及使用做出说明、评价,如说明材料来源、转发目的、转发范围,表明对简报内容的倾向性意见及表示对所提问题引起讨论、研究的希望等。按语的位置在报头下、标题前。它视需要而使用,并非每篇必有。一般在转引体、总结体及重要的报道体、汇篇体简报前才用按语。

按语可分为三种类型:一是题解性按语,它类似于前言,主要对文稿产生过程、作者情况、主体内容做简要介绍;二是提示性按语,它侧重于提示简报内容的理解要点或针对当前实践提醒应注意的事项;三是批示性按语,它往往援引领导人原话或上级机关指示,结合简报内容对实际工作提出批示性意见。

2. 标题

简报的标题与新闻标题相似,可以灵活多样,力求生动形象、简明醒目、揭示主题。可设正副标题,如《帮助企业拒绝摊派　支持企业改革发展——市纪委、市监察局对30家企业实行挂牌重点保护》。

3. 正文

正文由前言、主体和结语三部分组成。

(1)前言

前言即正文的开头(或导语),用简短的文字准确地概括报道的内容,引导读者阅读全文。它的写法有以下几种:

①概述式,即用简练的语言概括地叙述文中的主要事实;

②描述式,即先将精彩的场景用生动形象的语言简洁地描绘出来,以期引人入胜;

③提问式,即通过设问的方式提示简报主题,设置悬念,引人关注;

④结论式,即将结论展示出来,给读者以深刻印象,然后再详细说明结论是如何得出的。

(2)主体

主体是简报的主要部分。它是导语中概括出来的观点和内容的具体化,表现方法有以下四种:

①按时间顺序,即根据事件发生的先后来写;

②按空间顺序,即根据空间的转移来写;

③按问题的性质分条分项写,不同性质的归为一类,逐条逐项写;

④按逻辑规律写,先提出问题,再加以分析,然后提出解决问题的思路和对策。

(3)结语

结语因内容而定,或照应全文,强调主旨;或指明事情发展趋势,明确方向;或言尽意远,发人深思。有的简报也可不写结语。

(三)报尾

报尾位于简报末页下方,以红线或黑线与正文隔开,其内容包括发送单位和印发份数,如下所示。

报:省委　省政府　省教育厅

送:各兄弟院校

发:各院　系　处

五、简报写作的注意事项

(一)材料典型,客观真实

简报选取的材料必须具有代表性、典型性,内容必须完全真实、客观,不虚夸。

(二)内容集中,编发及时

一份简报既要集中体现中心内容,又要做到编发及时迅速,把有价值的信息反映出来。

(三)切中要害,突出主题

简报要善于抓住群众关心、社会关注的问题,及时具体地反映当前中心工作的形势。

例文 1

××职业技术学院简报

第一期

××职业技术学院办公室编印　　　　2017 年 7 月 10 日

巩固已有成绩　冲刺新的目标

××学校 2017 年招生录取工作即将拉开序幕

2017 年 7 月 30 日下午 2:30,学院招生录取工作领导小组在学院会议室召开 2017 年招生录取工作会议。出席会议的有院长兼招生录取工作领导小组组长何明东、常务副院长兼招生录取工作领导小组副组长李光华、招生就业处处长凌军以及院办、教务处、学生工作处、计财处、纪检监察室、各教学系部的领导。

会议由常务副院长兼招生录取工作领导小组副组长李光华同志主持,招生就业处处长凌军在会上做了"学校 2017 年招生录取工作情况"的讲话。凌处长首先全面总结了学校 2016 年招生录取工作,充分肯定了 2016 年招生录取工作取得的成绩;同时对学校2017年的招生计划做了说明，对下一步的招生录取工作做了具体安排。我校2016年在全国22个省(区、市)共招录2087人(其中省内1545人，省外542人)，实际报到入学新生有1565人，报到率为75.0%。今年我校招生将从去年22个省(区、市)扩大到24个，计划招生总数为1900人(其中高职专科1600人，专科预科100人，成人函授专科200人)，招生录取工作从8月7日正式拉开序幕。

院长兼招生录取工作领导小组组长何明东向与会人员提出了几点要求，对招生录取工作做了部署，对会议做了总结。

例文分析

这是一篇新闻报道式的会议简报。采用多行式新闻标题，引题概括会议主题，正题提示会议内容。开头部分像新闻导语，概括交代会议召开的时间、地点、与会人员、会议主题等基本情况；主体部分陈述会议的主要内容，既全面，又重点突出。该文篇幅较短，内容充实，点面结合。

例文 2

××省××学校简报

第十期

××省××学校办公室编印　　2020年1月19日

××省××学校　××社区

2020年开展“迎新春 送春联”活动

春联，是我国独特的文学艺术形式，大年三十，家家户户都会在大门两边贴上崭新的春联，红底黑字，稳重鲜艳，辞旧迎新，喜气洋洋，表达了人们对新年的美好愿望。在2020年春节即将来临之际，为营造健康文明、温馨和谐的迎新春文化氛围，1月17日上午8:00，××社区携手××省××学校于在××小区开展“迎新春 送春联”活动。现场共撰写春联130幅,活动得到社区居民的一致好评。

活动现场,林××、梁××两位老师挥毫泼墨,洋洋洒洒写下了百余幅春联。居民们拿着一幅幅红红火火的春联,笑逐颜开,赞不绝口。吉祥如意的春联不仅为社区居民送去一份冬日的温暖,还热情洋溢地传播了中华优秀传统文化。

通过本次活动,不仅让社区居民品味到了中华民族传承千年的优秀传统文化习俗,领略到了书法文化的艺术魅力,更让他们感受到了社区、学校对他们亲切的关怀与美好的祝福。

送:××办公室　　　　　　　　　　　　　　　　　　　　　　共印36份

例文分析

这是一份活动简报,充分体现了简报简、精、快、新、实的特点。本文语言简明扼要,篇幅短小,报道及时,内容新颖,真实可信,充分展现了学校在新时期新形势下传统文化进社区工作的宣传力度。

写作训练

一、请代班委、团支部编写一份反映班级学习情况的简报,简报名称自拟。

二、为丰富学生的第二课堂活动,校团委组织学生进行了为期两个月的"大学生艺术节活动"。本次艺术节活动,开展了"大合唱""书法绘画大赛""校园主持人大赛""师生交谊舞赛""各类征文赛"等形式多样的活动。请根据以上内容编写一份艺术节活动开展情况的简报。

第八章　求职应聘类

第一节　求职信

一、求职信的定义

求职信是求职人主动向用人单位自我介绍、谋求职位的书信。

求职信也叫求职书，是现代社会使用日益频繁的一种实用文体。它的写作是否得体，直接关系一个人的求职能否取得成功。

写求职信是目前求职择业的一种比较常用的手段，因为用人单位一般出于节约人力、物力和时间的考虑，多数不采用直接面试的形式，而是要求求职者先寄送个人文字材料，由他们进行比较、筛选，然后才通知求职者是否参加面试。因此，写好求职信是通向求职成功的关键。

二、求职信的特点

（一）针对性

写求职信必须针对实际情况，如用人单位的实际条件、应聘者的实际条件等，针对读信人的心理，针对自己的求职目标书写。

(二)自荐性

写信人与读信人不熟悉,写信人必须毛遂自荐,因而要恰如其分地介绍自己。

(三)竞争性

求职是竞争,要在竞争中取胜,必须突出自己的优势。优势不是自己编写出来的,而是可以在实践中得到验证的,如各类证书、文凭、工作经历等,可将其复印件附在求职信后面。

(四)言简意赅

求职信要短,切忌面面俱到。重点突出你的背景材料中与用人单位最有关系的内容,通常招聘负责人对与其单位有关的信息是最敏感的,所以要把你与企业和职位之间最重要的信息表达清楚。

三、求职信的格式与写法

求职信一般由标题、称呼、引语、正文、结语、附件和落款组成。

(一)标题

在第一行正中间写上“求职信”三个字。

(二)称呼

应根据收信人的身份、地位选择恰当的称呼,如“××经理”“××先生”“××女士”等,还可以使用“尊敬的”做修饰语。

(三)引语

引语应写清楚求职的缘由及目的。如有招聘启事,则直接将招聘启事作为引子,引入正文;如没有招聘启事,则开篇就要毛遂自荐,表达对用人单位的强烈向往。

(四)正文

求职信的正文一般由开头、中间、结尾三部分组成。

1. 开头

写求职信，开头要交待清楚自己的一些诸如身份、年龄、学历等基本情况，给用人单位一个初步的完整印象。

2. 中间部分

求职信的中间部分要展开。主要是针对用人单位的征招信息或者根据自己了解到的用人单位通常的要求来具体地介绍自己，这其中要把自己的专业特长、业务技能、外语水平及其他潜在的能力和优点全部表呈现出来，以期使用人单位意识到你正是他们用人的最佳人选。这一部分是求职信的关键，所以要多了解用人信息，真正地使自己可以有较强的针对性来推荐和介绍自己。

(五)结语

要以诚恳的态度提出自己的愿望与要求，如“希望能给我一个面试的机会”“盼望答复”“静候回音”等。最后，以“此致”“敬礼”作为结束语。

(六)附件

在信后附上有关资料，如证件复印件、简历表等。可附的证件复印件有：学历证书、身份证、工作证、户口本、健康证、技术等级证以及能证明自己优势的有关材料。

(七)落款

附件下空一行，在信的右下方写上姓名，可用“敬上”或“谨上”以示礼貌与谦逊，在姓名下一行写上年、月、日。为方便联系，还应在信末写上通信地址、邮政编码、联系电话、电子邮箱。

四、求职信写作的注意事项

(一)言辞得当，简洁明了

求职信要言简意赅、言辞贴切。简洁流畅的求职信不仅可以节约审阅人的时间，还会引起其好感。精炼的求职信主要表现为开门见山、语气平实、内容集中、重点突出、行文流畅，可激发收信人进一步了解你的好奇心。

(二)富有个性，激发兴趣

立意新颖、富有创新、语言独特的求职信往往能给对方留下深刻的印象，并能引发其注意，激发兴趣。因此，写求职信，如同策划一个广告，不要拘泥于固定模板。

(三)精心设计，突出重点

求职信先说什么，再说什么，重点突出什么，都需要经过精心设计，重点突出专业知识、工作经验、个人能力等。了解用人单位，并根据其需求，突出其关注的重点内容。

(四)实事求是，恰当表现

一个人的诚信是非常重要的，写求职信要实事求是地描述自己，强调自己的优势、强调对用人单位的价值，既不过分夸大，也不过分

谦虚，合理恰当地推销自己。

(五)以情动人，以诚取信

写求职信也要有感情色彩，通过有情信息，传递思想，设法引起对方共鸣，打动对方。

(六)争取面试，礼貌大方

写求职信的目的就是建立联系，争取面试机会。在求职信上要提醒用人单位留意你附加的个人简历，并请求对方回复信息，用语礼貌大方，展示当代大学生自信大方的美好形象。

例文 1

求职信

尊敬的总经理：

我是××学校 2015 级家电维修专业的学生，今年 20 岁。我于 2015 年秋季入学，修业三年，按国家规定完成全部课程，将于 2018 年 7 月底毕业。三年来，我的

专业课和考查课考试全部合格，并获得三级技工证书，取得了家电维修上岗资格证。

我对电视机维修、空调维修和全自动洗衣机维修有较多钻研，除学完学校开设的电视机维修课程外，我还到各大商场收集了各式电视机的使用说明书，比较研究了各式电视机的特点，对各型号的电视机有较深入的研究。去年，我在海南省国美电器公司家电维修部实习，曾独立操作维修过6台电视机，质检合格，用户满意。

本人身强体健，有事业心、上进心，特向您提出求职申请，希望能成为贵公司的一名家电维修工。

现附上《海南省××学校毕业生推荐表》一份、海南省国美电器公司维修部实习鉴定一份、海南省劳动技能考核证书一份。恳切希望您能给我一次面试的机会。

附件：1. 海南省××学校毕业生推荐表

2. 海南省国美电器公司家电维修部实习鉴定

3. 海南省劳动技能考核证书

求职人　李耀先

2018年7月8日

通信地址：海口市玉沙路39号　邮政编码：570000

联系电话：189××××××××

例文分析

这是一封毕业生写的求职信。求职人能针对求职目标叙述自己的特点、基本条件，表达自己的愿望并附上附件给收信人参考。求职人根据自己的特点，展示自己的特长，供用人单位择用。语言得体，态度诚恳，介绍得当。

例文 2

自荐信

尊敬的校领导：

您好！我叫××，是××师范学院历史系教育专业2010届应届毕业生。和所有毕业生一样，我怀着一颗热切的心，企盼在毕业之际找到适合我发展的空间，企盼早日绽放自己的才华。

现代市场的竞争，是人才的竞争。贵校能在改革开放市场经济的浪潮中搏浪击水，击节而进，必得益于有一支高素质的教师队伍。作为一名即将踏入社会的学生，如能有幸加入你们的团队，成为一名历史老师，这将是我莫大的荣幸和骄傲。

几载寒窗苦读，收获颇多。大专三年，我认真学习专业课并广泛阅读与专业知识有关的文、史、哲书籍。英语和计算机是21世纪的通行证，因而我也努力学习并一次性通过了国家英语四级考试，并在日常学习中不断地提高英语的听、说、读、写方面的能力。在计算机方面，大学二年级我便通过了全国计算机二级考试，并掌握了计算机基本的操作能力，能熟练运用Office、PowerPoint、Authorware制作课件辅助教学。

在学习之余，我还积极参加各种实践活动培养自己的组织能力、团结合作能力和创新能力。特别是在全国名校——师大附中的教育实习中，我更深层次地理解为人师表的含义，掌握了作为一名优秀人民教师应具备的素质和教学技能。我相信，只要持续不断的努力，就一定能胜任这太阳底下最神圣的职业！

经年苦读，呕心沥血，唯愿学有所成；深思熟虑，百折不悔，矢志于教育事业。毛遂自荐，求展鲲鹏之志；慧眼识才，诚谢知遇之恩。

此致

敬礼

自荐人：××

20××年×月××日

例文分析

本文开篇先介绍了自己的姓名、毕业院校及所学专业；其次对希望入职的学校表示由衷地肯定；最后介绍了自己大学的学业及社会实践情况，全文思路清晰、格式规范。

写作训练

一、李星是海南省××学校 2017 届会计专业的毕业生，已取得会计从业资格证、毕业证和优秀实习生证书。19 岁的他想下个月应聘海南森跃建筑有限公司招聘的会计助理，请你为他代写一封求职信。

二、请你结合自己的专业，选择想要应聘的岗位，为三年后的你写一封求职信。

第二节　简　历

一、简历的定义

简历，就是对个人学历、经历、特长、爱好及其他有关情况所做的简明扼要的书面介绍。

简历包含个人的基本信息包括：姓名、性别、年龄、民族、籍贯、政治面貌、学历、联系方式；自我评价；学习经历；工作经历等。用人单位从求职者的简历中，能够一目了然地看出求职者在业绩、能力、性格、经验方面的综合表现。

二、简历的特点

(一)目标明确,针对性强

企业对不同岗位的职业技能与素质需求各不相同。因此,在写简历时最好能先确定求职方向,然后根据招聘企业的特点及职位要求制作出一份针对性较强的简历,切忌用一份简历走天下。

(二)扬长避短,强化优势

在简历中突出与目标岗位相关的个人优势,劣势便一语带过。若有职业技能与素质及相关经历,应尽量量化工作成果,用数字和案例说话。

(三)简洁明了,方便阅读

网络上有很多简历模板,但只能起到参考作用,毕竟每个人的情况各不一样,那些模板未必适合你。因此,建议求职者慎用网络上的简历模板及简历封面,应根据自身的实际情况合理设计简历。

三、简历的格式与写法

简历一般有两种形式,即表格形式和文字形式,现多采用表格形式,但无论用哪种形式,个人简历都包括以下几方面内容。

(一)基本信息

基本信息包括姓名、性别、年龄、学历、身高、健康状况、联系地址及方式、求职目标、个人特长等。

(二)个人经历

个人经历包括教育经历、实践经历、所获荣誉等。其中教育经历有就读学校、所学专业、主修课程等;实践经历指参加过的实习、兼职或工作经历,最好与要应聘的职位有关。

(三)求职意向

即求职目标或个人期望的工作职位,说明你通过求职盼望得到什么样的工种、职位，以及你的奋斗目标，求职意向可以和个人特长等合写在一起表述。

（四）个人评价

简历中的自我评价以 4～10 条为宜。求职者在写自我评价时，可以先回顾一下自己的实习经历，思考自己在以前的工作中所积累的工作经验，然后再挑选出与所投递岗位比较吻合的工作能力，将其写在自我评价中，以突出自己的优势。

（五）附件

简历后附上能证明自己资历、能力的证明材料，如毕业证、获奖证书、专业技术资格证书、推荐信等。

四、简历写作的注意事项

（一）客观真实

诚信是做人之根本，事业之根基。一个不讲诚信的人，很难在社会上立足。所以求职者在写简历时一定要做到客观、真实，可根据自身的情况结合求职意向进行合理优化，而非夸大其词、弄虚作假。

（二）逻辑清晰，层次分明

要注意语言表达技巧，描述要严密，上下内容的衔接要合理，可采用倒叙的方法写教育及工作经历，重点部分可放在简历最前面。

（三）言简意赅

一个招聘岗位可能会有数十人甚至上百人竞争，导致用人单位查看简历的时间相当有限。因此，求职者的简历要简单又有力度。大多数岗位简历的篇幅最好不超过两页，尽量写成一页。

（四）突出重点

求职者要依据应聘单位与职位的要求奇妙地突出自己的优势，给用人单位留下深刻的印象。个人优势是整份简历的点睛之笔，同时也是最能表现其独特的地方，既要不落俗套，又要合乎情理，具有劝说力。

(五)设计精美

简历的版面设计要精美，要清晰、完好地将自己的经历与取得的成果充分地展现出来。字体的大小要恰当，不要压缩版面，不要将字体缩小到他人难以阅读的程度，也不要因省钱而使用劣质纸张。

例文 1

个人简历

<table>
<tr><td>姓　名</td><td>李思琪</td><td>性　别</td><td>女</td><td>出生年月</td><td>2000 年 4 月</td><td rowspan="3">照　片</td></tr>
<tr><td>籍　贯</td><td>海南海口</td><td>民　族</td><td>汉</td><td>身体状况</td><td>健康</td></tr>
<tr><td>学　历</td><td>中专</td><td>身　高</td><td>155cm</td><td>政治面貌</td><td>共青团员</td></tr>
<tr><td>毕业学校</td><td colspan="2">海南省××学校</td><td colspan="2">特长与爱好</td><td colspan="2">看书、做手工、听音乐、打羽毛球</td></tr>
<tr><td>毕业时间</td><td colspan="2">2018 年 7 月</td><td colspan="2">联系电话</td><td colspan="2">189××××××××</td></tr>
<tr><td>所学专业</td><td colspan="2">面点制作</td><td colspan="2">电子信箱</td><td colspan="2">9263974134@qq.com</td></tr>
<tr><td>应聘岗位</td><td colspan="2">中式面点师</td><td colspan="2">通信地址</td><td colspan="2">海南省海口市××区××路××号</td></tr>
<tr><td>主修课程</td><td colspan="6">烹饪概论、热菜制作、刀工基础、营养卫生、面点制作、冷菜冷拼、烹饪原料学、烹调技术、中医食疗保健等</td></tr>
<tr><td>教育经历</td><td colspan="6">2015 年 9 月至 2018 年 6 月，就读于海南省××学校
2012 年 9 月至 2015 年 6 月，就读于海南省××中学</td></tr>
<tr><td>熟悉软件</td><td colspan="6">熟悉 Word 的基本操作</td></tr>
<tr><td>个人评价</td><td colspan="6">我热爱烘焙，虽资历尚浅，但乐观、耐心、有责任心、乐于交流是我的特点。我对待工作认真、积极，团队合作意识强</td></tr>
<tr><td>获得奖项
及证书</td><td colspan="6">在校期间参加省级面点制作技能大赛，荣获银奖
2017 年 6 月至 2018 年 6 月参加学校安排的实习，并荣获“优秀实习生”称号
2017 年 3 月考取中式面点师(二级)证书</td></tr>
<tr><td>社会实践经历</td><td colspan="6">2017 年 6 月至 2018 年 6 月参加由学校组织的陵水香水湾君澜度假酒店实习</td></tr>
</table>

例文分析

该简历书写规范、美观，内容全面、翔实。求职者的个人评价中肯，会给招聘者留下良好的印象。

例文 2

照片

个人简历

求职意向:市场销售

生日：1999.05.07　　现居:珠海

电话:139××××××××　　邮箱:163××××@qq.com

教育背景

20××.09—20××.06　　××省××学院　　物流管理(专科)

主修课程: 现代物流基础、物流技术与实务、市场营销、电子商务与物流、货运代理、快递业务操作与管理、运输管理实务等

在校活动: 曾参与全国职业院校物流竞赛广东赛区三等奖

工作经历

20××.09—20××.06　　约克逊能源科技有限公司　　销售实习生

拥有一定的能源专业相关知识，能够更好地完成公司产品的推广与销售工作；

在职期间完成能源销售订单 50 余单，开拓渠道 3 家，维系稳定客户 12 家；

锻炼了销售的商务沟通能力，能够从营销的角度规划销售方案。

20××.09—20××.06　　深圳 WPS 平台　　原创设计师

担任 WPS 平台原创设计师，完成简历、PPT、表格等多方面的文档创作；

通过这一段工作，对网站运营有一定的心得，也对互联网有一定认识，能够有效完成推广。

实践经历

20××.09—20××.06　　约克逊能源科技有限公司　　销售实习生

拥有一定的能源专业相关知识，能够更好地完成公司产品的推广与销售工作；

在职期间完成能源销售订单 50 余单，开拓渠道 3 家，维系稳定客户 12 家；

锻炼了销售的商务沟通能力，能够从营销的角度规划销售方案。

技能证书

语言技能: 英 CET6、普通话二级甲等

专业技能: 熟悉 Web、iOS 和 Android 开发，精通数据库

办公技能: 熟练使用 Office 办公软件

自我评价

工作积极认真，细心负责，熟练运用办公自动化软件，善于在工作中提出问题、发现问题、解决问题，有较强的分析能力;勤奋好学，踏实肯干，动手能力强，有很强的社会责任感;坚毅不拔，吃苦耐劳，喜欢和勇于迎接新挑战。

例文分析

这是一则文字式简历，设计精美，条理清晰，用语简洁，内容丰富，基本反映出学生的在校的学业及实习情况，符合简历的书写要求。

（P103 页▲10）

一、结合自己专业特色及个人实际情况，制作一份表格式简历，求职意向及用人单位虚拟。

二、结合自己专业特色及个人实际情况，制作一份设计精美的文字式简历，求职意向及用人单位虚拟。

写作训练

每年 8 月在海口市体育馆都有招聘大会，请你结合自身实际情况，为三年后的你写一份简历，公司和职位等可以虚拟。

附录　党政机关公文处理工作条例

第一章　总　则

第一条　为了适应中国共产党机关和国家行政机关(以下简称党政机关)工作需要,推进党政机关公文处理工作科学化、制度化、规范化,制定本条例。

第二条　本条例适用于各级党政机关公文处理工作。

第三条　党政机关公文是党政机关实施领导、履行职能、处理公务的具有特定效力和规范体式的文书,是传达贯彻党和国家的方针政策,公布法规和规章,指导、布置和商洽工作,请示和答复问题,报告、通报和交流情况等的重要工具。

第四条　公文处理工作是指公文拟制、办理、管理等一系列相互关联、衔接有序的工作。

第五条　公文处理工作应当坚持实事求是、准确规范、精简高效、安全保密的原则。

第六条　各级党政机关应当高度重视公文处理工作,加强组织领导,强化队伍建设,设立文秘部门或者由专人负责公文处理工作。

第七条　各级党政机关办公厅(室)主管本机关的公文处理工作,并对下级机关的公文处理工作进行业务指导和督促检查。

第二章　公文种类

第八条　公文种类主要有:

(一)决议。适用于会议讨论通过的重大决策事项。

(二)决定。适用于对重要事项作出决策和部署、奖惩有关单位和人员、变更或者撤销下级机关不适当的决定事项。

（三）命令（令）。适用于公布行政法规和规章、宣布施行重大强制性措施、批准授予和晋升衔级、嘉奖有关单位和人员。

（四）公报。适用于公布重要决定或者重大事项。

（五）公告。适用于向国内外宣布重要事项或者法定事项。

（六）通告。适用于在一定范围内公布应当遵守或者周知的事项。

（七）意见。适用于对重要问题提出见解和处理办法。

（八）通知。适用于发布、传达要求下级机关执行和有关单位周知或者执行的事项，批转、转发公文。

（九）通报。适用于表彰先进、批评错误、传达重要精神和告知重要情况。

（十）报告。适用于向上级机关汇报工作、反映情况，回复上级机关的询问。

（十一）请示。适用于向上级机关请求指示、批准。

（十二）批复。适用于答复下级机关请示事项。

（十三）议案。适用于各级人民政府按照法律程序向同级人民代表大会或者人民代表大会常务委员会提请审议事项。

（十四）函。适用于不相隶属机关之间商洽工作、询问和答复问题、请求批准和答复审批事项。

（十五）纪要。适用于记载会议主要情况和议定事项。

第三章　公文格式

第九条　公文一般由份号、密级和保密期限、紧急程度、发文机关标志、发文字号、签发人、标题、主送机关、正文、附件说明、发文机关署名、成文日期、印章、附注、附件、抄送机关、印发机关和印发日期、页码等组成。

（一）份号。公文印制份数的顺序号。涉密公文应当标注份号。

（二）密级和保密期限。公文的秘密等级和保密的期限。涉密公文应当根据涉密程度分别标注“绝密”“机密”“秘密”和保密期限。

（三）紧急程度。公文送达和办理的时限要求。根据紧急程度，紧急公文应当分别标注“特急”“加急”，电报应当分别标注“特提”“特急”“加急”“平急”。

（四）发文机关标志。由发文机关全称或者规范化简称加“文件”二字组成，也可以使用发文机关全称或者规范化简称。联合行文时，发文机关标志可以并用联合发文机关名称，也可以单独用主办机关名称。

（五）发文字号。由发文机关代字、年份、发文顺序号组成。联合行文时，使用主办机关的发文字号。

（六）签发人。上行文应当标注签发人姓名。

（七）标题。由发文机关名称、事由和文种组成。

（八）主送机关。公文的主要受理机关，应当使用机关全称、规范化简称或者同类型机关统称。

（九）正文。公文的主体，用来表述公文的内容。

（十）附件说明。公文附件的顺序号和名称。

（十一）发文机关署名。署发文机关全称或者规范化简称。

（十二）成文日期。署会议通过或者发文机关负责人签发的日期。联合行文时，署最后签发机关负责人签发的日期。

（十三）印章。公文中有发文机关署名的，应当加盖发文机关印章，并与署名机关相符。有特定发文机关标志的普发性公文和电报可以不加盖印章。

（十四）附注。公文印发传达范围等需要说明的事项。

（十五）附件。公文正文的说明、补充或者参考资料。

（十六）抄送机关。除主送机关外需要执行或者知晓公文内容的其他机关，应当使用机关全称、规范化简称或者同类型机关统称。

（十七）印发机关和印发日期。公文的送印机关和送印日期。

（十八）页码。公文页数顺序号。

第十条　公文的版式按照《党政机关公文格式》国家标准执行。

第十一条　公文使用的汉字、数字、外文字符、计量单位和标点符号等，按照有关国家标准和规定执行。民族自治地方的公文，可以并用汉字和当地通用的少数民族文字。

第十二条　公文用纸幅面采用国际标准 A4 型。特殊形式的公文用纸幅面，根据实际需要确定。

第四章　行文规则

第十三条　行文应当确有必要，讲求实效，注重针对性和可操作性。

第十四条　行文关系根据隶属关系和职权范围确定。一般不得越级行文，特殊情况需要越级行文的，应当同时抄送被越过的机关。

第十五条　向上级机关行文，应当遵循以下规则：

（一）原则上主送一个上级机关，根据需要同时抄送相关上级机关和同级机关，不抄送下级机关。

（二）党委、政府的部门向上级主管部门请示、报告重大事项，应当经本级党委、政府同意或者授权；属于部门职权范围内的事项应当直接报送上级主管部门。

（三）下级机关的请示事项，如需以本机关名义向上级机关请示，应当提出倾向性意见后上报，不得原文转报上级机关。

（四）请示应当一文一事。不得在报告等非请示性公文中夹带请示事项。

（五）除上级机关负责人直接交办事项外，不得以本机关名义向上级机关负责人报送公文，不得以本机关负责人名义向上级机关报送公文。

（六）受双重领导的机关向一个上级机关行文，必要时抄送另一个上级机关。

第十六条　向下级机关行文，应当遵循以下规则：

（一）主送受理机关，根据需要抄送相关机关。重要行文应当同时抄送发文机关的直接上级机关。

（二）党委、政府的办公厅（室）根据本级党委、政府授权，可以向下级党委、政府行文，其他部门和单位不得向下级党委、政府发布指令性公文或者在公文中向下级党委、政府提出指令性要求。需经政府审批的具体事项，经政府同意后可以由政府职能部门行文，文中须注明已经政府同意。

（三）党委、政府的部门在各自职权范围内可以向下级党委、政府的相关部门行文。

（四）涉及多个部门职权范围内的事务，部门之间未协商一致的，不得向下行文；擅自行文的，上级机关应当责令其纠正或者撤销。

（五）上级机关向受双重领导的下级机关行文，必要时抄送该下级机关的另一个上级机关。

第十七条　同级党政机关、党政机关与其他同级机关必要时可以联合行文。属于党委、政府各自职权范围内的工作，不得联合行文。

党委、政府的部门依据职权可以相互行文。

部门内设机构除办公厅（室）外不得对外正式行文。

第五章　公文拟制

第十八条　公文拟制包括公文的起草、审核、签发等程序。

第十九条　公文起草应当做到：

（一）符合国家法律法规和党的路线方针政策，完整准确体现发文机关意图，并同现行有关公文相衔接。

（二）一切从实际出发，分析问题实事求是，所提政策措施和办法切实可行。

（三）内容简洁，主题突出，观点鲜明，结构严谨，表述准确，文字精练。

（四）文种正确，格式规范。

（五）深入调查研究，充分进行论证，广泛听取意见。

（六）公文涉及其他地区或者部门职权范围内的事项，起草单位必须征求相关地区或者部门意见，力求达成一致。

（七）机关负责人应当主持、指导重要公文起草工作。

第二十条　公文文稿签发前，应当由发文机关办公厅（室）进行审核。审核的重点是：

（一）行文理由是否充分，行文依据是否准确。

（二）内容是否符合国家法律法规和党的路线方针政策；是否完整准确体现发文机关意图；是否同现行有关公文相衔接；所提政策措施和办法是否切实可行。

（三）涉及有关地区或者部门职权范围内的事项是否经过充分协商并达成一致意见。

（四）文种是否正确，格式是否规范；人名、地名、时间、数字、段落顺序、引文等是否准确；文字、数字、计量单位和标点符号等用法是否规范。

（五）其他内容是否符合公文起草的有关要求。

需要发文机关审议的重要公文文稿，审议前由发文机关办公厅（室）进行初核。

第二十一条　经审核不宜发文的公文文稿，应当退回起草单位并说明理由；符合发文条件但内容需作进一步研究和修改的，由起草单位修改后重新报送。

第二十二条　公文应当经本机关负责人审批签发。重要公文和上行文由机关主要负责人签发。党委、政府的办公厅(室)根据党委、政府授权制发的公文,由受权机关主要负责人签发或者按照有关规定签发。签发人签发公文,应当签署意见、姓名和完整日期;圈阅或者签名的,视为同意。联合发文由所有联署机关的负责人会签。

第六章 公文办理

第二十三条 公文办理包括收文办理、发文办理和整理归档。

第二十四条 收文办理主要程序是:

(一)签收。对收到的公文应当逐件清点,核对无误后签字或者盖章,并注明签收时间。

(二)登记。对公文的主要信息和办理情况应当详细记载。

(三)初审。对收到的公文应当进行初审。初审的重点是:是否应当由本机关办理,是否符合行文规则,文种、格式是否符合要求,涉及其他地区或者部门职权范围内的事项是否已经协商、会签,是否符合公文起草的其他要求。经初审不符合规定的公文,应当及时退回来文单位并说明理由。

(四)承办。阅知性公文应当根据公文内容、要求和工作需要确定范围后分送。批办性公文应当提出拟办意见报本机关负责人批示或者转有关部门办理;需要两个以上部门办理的,应当明确主办部门。紧急公文应当明确办理时限。承办部门对交办的公文应当及时办理,有明确办理时限要求的应当在规定时限内办理完毕。

(五)传阅。根据领导批示和工作需要将公文及时送传阅对象阅知或者批示。办理公文传阅应当随时掌握公文去向,不得漏传、误传、延误。

(六)催办。及时了解掌握公文的办理进展情况,督促承办部门按期办结。紧急公文或者重要公文应当由专人负责催办。

(七)答复。公文的办理结果应当及时答复来文单位,并根据需要告知相关单位。

第二十五条 发文办理主要程序是:

(一)复核。已经发文机关负责人签批的公文,印发前应当对公文的审批手续、内容、文种、格式等进行复核;需作实质性修改的,应当报原签批人复审。

(二)登记。对复核后的公文,应当确定发文字号、分送范围和印制份数并详细记载。

(三)印制。公文印制必须确保质量和时效。涉密公文应当在符合保密要求的场所印制。

（四）核发。公文印制完毕，应当对公文的文字、格式和印刷质量进行检查后分发。

第二十六条　涉密公文应当通过机要交通、邮政机要通信、城市机要文件交换站或者收发件机关机要收发人员进行传递，通过密码电报或者符合国家保密规定的计算机信息系统进行传输。

第二十七条　需要归档的公文及有关材料，应当根据有关档案法律法规以及机关档案管理规定，及时收集齐全、整理归档。两个以上机关联合办理的公文，原件由主办机关归档，相关机关保存复制件。机关负责人兼任其他机关职务的，在履行所兼职务过程中形成的公文，由其兼职机关归档。

第七章　公文管理

第二十八条　各级党政机关应当建立健全本机关公文管理制度，确保管理严格规范，充分发挥公文效用。

第二十九条　党政机关公文由文秘部门或者专人统一管理。设立党委（党组）的县级以上单位应当建立机要保密室和机要阅文室，并按照有关保密规定配备工作人员和必要的安全保密设施设备。

第三十条　公文确定密级前，应当按照拟定的密级先行采取保密措施。确定密级后，应当按照所定密级严格管理。绝密级公文应当由专人管理。

公文的密级需要变更或者解除的，由原确定密级的机关或者其上级机关决定。

第三十一条　公文的印发传达范围应当按照发文机关的要求执行；需要变更的，应当经发文机关批准。

涉密公文公开发布前应当履行解密程序。公开发布的时间、形式和渠道，由发文机关确定。

经批准公开发布的公文，同发文机关正式印发的公文具有同等效力。

第三十二条　复制、汇编机密级、秘密级公文，应当符合有关规定并经本机关负责人批准。绝密级公文一般不得复制、汇编，确有工作需要的，应当经发文机关或者其上级机关批准。复制、汇编的公文视同原件管理。

复制件应当加盖复制机关戳记。翻印件应当注明翻印的机关名称、日期。汇编本的密级按照编入公文的最高密级标注。

第三十三条　公文的撤销和废止，由发文机关、上级机关或者权力机关根据职权范围和有关法律法规决定。公文被撤销的，视为自始无效；公文被废止的，视为自废止之日起失效。

第三十四条　涉密公文应当按照发文机关的要求和有关规定进行清退或者销毁。

第三十五条　不具备归档和保存价值的公文，经批准后可以销毁。销毁涉密公文必须严格按照有关规定履行审批登记手续，确保不丢失、不漏销。个人不得私自销毁、留存涉密公文。

第三十六条　机关合并时，全部公文应当随之合并管理；机关撤销时，需要归档的公文经整理后按照有关规定移交档案管理部门。

工作人员离岗离职时，所在机关应当督促其将暂存、借用的公文按照有关规定移交、清退。

第三十七条　新设立的机关应当向本级党委、政府的办公厅（室）提出发文立户申请。经审查符合条件的，列为发文单位，机关合并或者撤销时，相应进行调整。

第八章　附　则

第三十八条　党政机关公文含电子公文。电子公文处理工作的具体办法另行制定。

第三十九条　法规、规章方面的公文，依照有关规定处理。外事方面的公文，依照外事主管部门的有关规定处理。

第四十条　其他机关和单位的公文处理工作，可以参照本条例执行。

第四十一条　本条例由中共中央办公厅、国务院办公厅负责解释。

第四十二条　本条例自 2012 年 7 月 1 日起施行。1996 年 5 月 3 日中共中央办公厅发布的《中国共产党机关公文处理条例》和 2000 年 8 月 24 日国务院发布的《国家行政机关公文处理办法》停止执行。